中国古代十大思想家

德功言不朽者王阳明

李朝阳　主编

黄河出版传媒集团
阳光出版社

图书在版编目（CIP）数据

德功言不朽者王阳明 / 李朝阳主编. —— 银川：阳光出版社，
2016.8（2020.12重印）
（中国古代十大思想家）
ISBN 978-7-5525-2944-9

Ⅰ. ①德… Ⅱ. ①李… Ⅲ. ①王守仁（1472-1528）
–哲学思想 Ⅳ. ①B248.2

中国版本图书馆CIP数据核字(2016)第214673号

中国古代十大思想家　德功言不朽者王阳明　李朝阳　主编

责任编辑　徐文佳
封面设计　民谐文化
责任印制　岳建宁

黄河出版传媒集团
阳 光 出 版 社　出版发行

出 版 人　薛文斌
地　　址　宁夏银川市北京东路139号出版大厦（750001）
网　　址　http://www.ygchbs.com
网上书店　http://www.shop129132959.taobao.com
电子信箱　yangguangchubanshe@163.com
邮购电话　0951-5047283
经　　销　全国新华书店
印刷装订　河北燕龙印刷有限公司
印刷委托书号　（宁）0019175

开　　本　710 mm×1000 mm　1/16
印　　张　9
字　　数　168千字
版　　次　2016年11月第1版
印　　次　2021年1月第2次印刷
书　　号　ISBN 978-7-5525-2944-9
定　　价　27.00元

前　言

在中华民族长达五千年的历史长河中，勤劳勇敢的中国人凭借自身的聪明才智，创造了曾经领先于世界的古代物质文明，也创造了处于世界前列的古代精神文明。中国优秀的传统文化源远流长，深深根植于中华民族生存和发展的"土壤"中。

中华文化之所以能够屹立于世界民族之林，其原因是多方面的，其中十分重要的一点，就是智慧的中华民族，在长期的生产活动、社会活动、思维活动的过程中，逐渐创造、积累和发展了具有以生生不息的内在思想活力为核心的优秀传统文化。这些是"中华魂"的一个表现方面，是国学不可或缺的一个部分，是中华民族伟大而坚强的精神支柱，是民族凝聚力和生命力之所在，是亿万炎黄子孙引以为豪的无价之宝。

当然，我国的传统文化既有精华，又有糟粕。因此，我们持全盘肯定或全盘否定的态度是不对的。而一知半解、信口开河或以漠然的态度对待我们宝贵的传统文化同样也是不对的。

经过了一个多世纪的巨大的社会实验的验证，我们终于明白了一个道理：发展并不是一味地摒弃过去，发展的障碍往往是对过去的不屑一顾。也就是说，为了更好地走向未来，我们不能同过去的一切彻底决裂，甚至将过去彻底砸烂；而应该妥善地利用过去，在过去这块既定的地基上构筑未来大厦。如果眼睛高于头顶，只愿在白纸上构筑美好的未来，那么，所走向的绝不会是真正的未来，而只能是空中楼阁。

那么，我们该用怎样的态度去对待我们的传统文化呢？

1. **取精华，弃糟粕**。对待中国传统文化，就应该持辩证否定的态度，就像筛选谷物一样，去粗取精，去伪存真，就不会犯"要么肯定一切，要么否定一切"的形而上学错误。研究、分析中国的传统文化不是过多地探讨古人具体离奇的故事，而应有选择地学习民族精神中的独特优点和汲取精华部分。

例如儒家的"三纲五常"，如果依现代人看来，明显是糟粕，但是"三纲五常"最初的含义则是要我们对长辈、父母有一颗感激的心：比如"父为子纲"是发展到了一种极端的状况，开始的时候只是一种心灵的活动，父母养育子女，子女应该懂得感激和回报。这样，双方的心灵就会有一种互动，感受到对方的心意，这时，"情"才会出来，这就是性情的学问。如果从这个角度而言也有其可取之处的。再例如"君为臣纲"，封建社会要求臣下愚忠于皇帝，但皇帝是封建最高统治者，用皇帝的"朕即国家"来说，那也是爱国，忠君是糟粕，爱国却永远正确。

2. **淡形式，重内容**。形式和内容的关系是复杂的：同一内容，由于条件不同，可以有多种形式；同一形式也可以表现不同的内容；新内容可以利用旧形式，旧内容也可以利用新形式。内容与形式的关系并不是并列的、没有主从之分的，在两者之间，内容起着主导的、决定的作用。内容决定形式，形式为内容服务，这是文学作品内容和形式的一般关系。

我们学习传统文化也是如此，"师古不泥古，师古不复古"，并不是穿汉服、行官礼才是传统文化。学习传统文化要重在领会传统文化的精神和思想理念，其目的是为了滋养人格，领悟思想，改善行为。

3. **既传承，又创新**。创新，是传承基础上的创新，继承也是创新基础上的继承。继承传统的目的并不是固守传统，而在于推陈出新。创新是继承中的变革，渐进中的变革。传统文化要"古为今用"，弘扬传统文化时要注意传承，更要创新。

4. **先要学，后要用**。孔子说："学而不思则罔"。学习重在学用结合。只有学用结合，才能取得良好的学习成果。与纯粹的历史学不一样，弘扬中国传统文化有追求现实进步的含义，是"扬善"和"留美"，既要学，更在用，不是"坐而论道"，这是传统文化在新时期的价值归宿。即使是提倡"清静无为"的道学，老子在《道德经》中也是倡导"以正治国、以奇用兵、以无事取天下",而不是一味在书房朗诵"道可道,非常道"。

如儒家的"上善若水,厚德载物"思想,完全"古为今用"。其大致意思是:人的善心应该像水一样。水善于滋润万物而不与万物相争,停留在众人都不喜欢的地方,因此最接近于"道"。最善的人,最善于选择地方,心胸善于保持沉静而深不可测,待人善于真诚、友爱和无私,说话善于恪守信用,从政善于精简处理,能把国家治理好,做事能够善于发挥所长,行动善于把握时机。最善的人所作所为正因为有不争的美德,因此没有什么过失,也就没有咎怨。

"上善若水,厚德载物"也是现代很多企业价值观的核心。结合现代企业而言,企业所提供的产品或者服务本身就是服务于民众,解决社会的一些供求矛盾,而不是单纯的利润追求,这本身就是为善。当他们在为社会和民众服务得到一定的利润后,继而考虑把利润中的一部分拿出来继续投入到社会的发展中去,当然这也包含企业投入成本提高服务的品质或者产品的科研开发等等,而更重要的是很多企业也把很多的利润拿出来为社会的公益事业服务。

纵观我国古代思想史,最有成就和影响最大的十位思想家是:老子、孔子、孟子、庄子、荀子、董仲舒、朱熹、王阳明、黄宗羲、王夫之。他们的思想反映了中国古代思想发展的主要线索。

在物质欲望极度膨胀、科技文化高度发达的现代社会,许多人陷入了超重的生活而不自知。所以,现代人寻找精神家园、追寻生命的本真、探索思想的原始呼声就越来越高。

在本套丛书中,我们深入浅出地分析了中国古代对后世影响最深远的十大思想家的思想观念,力图呈现他们的思想特质。我们萃取他们的人生智慧,以期对现代人有所启迪。有人在怀疑古代思想家的智慧是否已经过时了,我们要说的是:古代十大思想家的智慧不会过时,历史的风雨不会使他们的智慧褪色。他们的智慧是人类的大智慧,既然是人类的大智慧应当属于所有的时代。他们的很多思想精髓能够滋养我们的精神,他们的很多人生智慧都能帮助我们解决现实的人生问题。

十大思想家似人世间的棋艺高手，以人世间的大智大慧将做人原则和治世理念，生存体验与生活智慧，精神境界和价格修养等等摆在一张棋盘上，不断变幻出深奥的棋局。他们以人性的目光关注纷繁复杂的社会人情，他们看重道德修养，他们的思想影响着中国封建社会几千年的礼乐文化、政治文化、制度文化、伦理道德、思维方式、价值观念、风俗习惯甚至治国安邦的总体思路。这些都是我们中华民族宝贵的精神财富。

让我们一起来聆听圣哲教诲，汲取人文给养吧！

目　录

第一章 王阳明一生轨迹

阳明的一生大约可分为三个阶段。第一阶段是在二十八岁以前，是他憧憬圣学，追求做天下第一等人第一等事的萌芽时期。他本着自己对社会、对政治的激情和执着，凭着与生俱来的不懈探索与追寻的学习精神，坚持要在政界有所建树。这一阶段，王阳明对于自己的思想，还仅仅是在摸索中。第二阶段是二十八岁被举为进士到四十四岁因贬谪到龙场的时期。这段时间，王阳明基本上处在一个极端困厄的社会环境下，而在思想上，这一阶段逐步奠定了他事业和学说成功的基础。第三阶段是四十五岁到五十七岁病逝军中时期，这是他建立事功和学术成熟时期，也是王阳明讲学立教的极盛时期。

家族遗风

在被王阳明誉为"吾党之良，莫有及者"的得意门生黄绾所撰的《阳明先生行状》中，这样记载王阳明的家世渊源：

> 其（王阳明）先琅琊人，晋光禄大夫览之后，览曾孙羲之少随父旷渡江家建康，不乐，徙会稽。其后复徙剡之华塘，自华塘徙石堰，又徙达溪。有曰寿者，仕至迪功郎，乃徙居余姚。

这里说的定居余姚的王氏家族原为山东琅琊王族，王览曾孙王羲之迁居南京后，后又移居绍兴，最后定居余姚。明代钱德洪等人编著的《王阳明年谱》中也记载："其（王阳明）先出晋光禄大夫览之裔，本琅琊人，至曾孙右将军羲之，徙居山阴，又二十三世迪功郎寿，自达溪徙余姚，今遂为余姚人。"这两个重要文献明确指出王阳明乃王羲之嫡孙，迁姚始祖为王羲之二十三世孙王寿。

山东琅琊王氏在两晋之间可谓赫赫有名，是东晋王、谢、桓、庾四大家族之首。有两件事可以佐证：一是晋元帝司马睿在登极大典时，曾荒唐到恳请王氏家族的代表人物王导与他一起接受群臣的朝贺；一是南朝时期梁武帝萧衍对前来求婚的东魏大将侯景说，王、谢二姓门第太高，不可攀亲，只能在朱、张二姓以下选择配偶。足见王氏宗族曾经煊赫的地位。

对于王阳明是否为王羲之嫡孙，余姚民间收藏家褚纳新根据新近发现的《余姚上塘王氏宗谱》《姚江开元王氏宗谱》《四明上菁李家塔王氏宗谱》《上虞达溪虹桥王氏宗谱》《上虞纸坊王氏宗谱》等家族谱系重新研究考订，认为王阳明是王羲之堂伯父王导之后，并非嫡孙；而第一个迁居余姚的秘图王氏始祖，是王补的曾孙王季，并非之前的研究者通常认为的王泽元的玄孙王寿。不管怎么说，王氏一脉源远流长，曾盛极煊赫的历史事实是既定了的。

秘图王氏一族在余姚繁衍生息了十代，一直以诗书治家，亦耕亦读，保持着中原大族的传统风范。据说，元代的时候，有位精通星命卜筮的术士就曾预言，王氏家族自两晋以后虽消沉了几百年，但日后必然还会出名扬四海的名臣大儒。关于王阳明的传奇故事，后来人总是越传越神奇，我们也且相信王阳明天生有其迥异奇特之处。

秘图王氏一族向来以淡泊传家，遗风影响甚远，祖辈们身上所具有的高洁的品性似乎最终都遗传在了王阳明身上。据史料查证，我们可以追溯到王阳明的六祖王纲。王纲，字性常，与他的两个弟弟秉常、敬常，在元末小有名气，堪称文武全才，但时逢乱世，兄弟三人躲避政治，不问世事，经常往来于山水之间，当时人能知道他们真本事的人也不是很多。

某天，有位道士赶夜路前来投宿，王纲看他气貌秉异，就以礼敬之，问道："君必有道者，愿闻姓字。"道士回答说："吾终南隐士赵缘督也。"两人彻夜长谈，相见恨晚，于是，赵缘督就教授王纲卜筮之法和"识鉴"（相面）之术。临行前，赵道士为王纲卜了一卦，说："公后当有名世者矣。然公不克终牖下。今

虞南达溪王氏宗谱

能从吾出游乎?"意思是说,你今后必有腾达的一天,只可惜不能寿终正寝,不知道你愿不愿意跟我一起游历天下?王纲因要伺奉母亲,面有难色。道士微微一笑说你尘缘还未了呢,就自顾自去了。

王纲与当时还未被皇帝封为诚意伯的刘伯温是朋友,他对刘伯温说:"老夫性在丘壑,异时(你)得志,幸勿以世缘见累,则善矣。"可见当时他已经"相面"到刘伯温将来必是"得志"之人,但自己淡泊一切,不喜欢贪图"世缘",故而先跟朋友说个一清二楚。可惜的是,王纲在70岁的时候还是被刘伯温推荐到朝中当了兵部郎中,最后在广东征苗时死于增城,最终应了那道士的话。

据说增城那一仗,海寇知悉王纲属文武全才之辈,不敢轻取,就设坛做法克死了王纲。他的儿子王彦达当时年仅16岁,也被抓捕起来。当时,彦达"从旁哭骂求死",兵士们还真想把他也给杀了。他们的酋长说:"父忠而子孝,杀之不祥。"便赐食物给他。王彦达顾不上吃饭,只一味哀痛老父亲的悲惨结局。海寇怜悯他的忠诚与孝顺,便下令让王彦达拿羊皮裹着父亲的尸首背回老家。王彦达"痛父以忠死",而恶朝廷待之太薄,于是决定隐居终生,躬耕养母,读书自娱。王彦达还给他的儿子王与准留下先世传下来的书,说:"但毋废先业而已,不以仕进望尔也。""先业"自然也是指儒业,但却"不以仕进望",可见这淡定从容、堪破功名之习的确为家风久传。

王与准"闭门力学，尽读所遗书"，秉承儒家"遁世无闷"的信条，既不去参加科考，也逃避人为引荐。乡里人有前来拜师从学的，他推辞说："吾无师承，不足相授。"王与准后来找到四明赵先生，向他学《易》，学成返乡。知县知道他会打卦，而且每算都能灵验，于是总找他算卦，弄得他几乎不得清净。有一次，他的倔脾气一发作，竟对着知县派来的人把卦书给烧毁了，并说了难听的话："王与准不能为术士，终日奔走豪门，谈祸富。"这下可把县令得罪了，一直伺机报复。王与准知道未来不得通顺，便逃遁到四明山的石室中。

当时朝廷为化消极因素为积极因素，装点大一统气象，"督有司访求遗逸甚严"，这一招其实并不是想要多吸附人才，让他们在新朝舞台上一展所长，而是为争取更多的不合作者，也是每一个起义夺取政权的新王朝所惯用的意识形态上的伎俩。为此，县令刻意"举报"了王与准："王与准以其先世尝死忠，朝廷待之薄，遂父子誓不出仕，有怨望之心。"朝廷派员因此大怒，拘役了王与准的三个儿子，作为人质，并且一路追捕王与准到山上。王与准"益深遁，坠崖伤足。求者得之以出。"部使见王与准的确伤得很重，又见他"言貌坦直无他"，不像个对朝廷有逆心之人。王与准于是一五一十地向部使道出了烧卦书逃遁的原因，部使听闻后，便放了他一家人，又见王与准的二儿子王世杰有出息，便对他说："足下不仕，终恐及罪，宁能以子代行乎?"于是，王世杰，也就是王阳明的曾祖，当起了秀才。王与准后来对人说："吾非恶富贵而乐贫贱；顾吾命甚薄，且先人之志，不忍渝也。"又说："吾非伤于石，将不能遂栖遁之计，石有德于吾，不敢忘也。"为了感谢那伤了他脚的石头，于是便自号"遁石翁"。

等王氏家族传到王世杰一辈，之前的三代人已然"隐"出了名气，当时就有人这样记载："祖秘湖渔隐彦达，父遁石翁与准，皆以德学为世隐儒。"王世杰单名一个杰字，字世杰，自号"槐里子"，人称"槐里先生"。他遗传了父亲的"伟貌修髯"，也长得"仪观玉立，秀目修髯，望之以为神人"。他被迫替父顶了秀才后，恰好赶上大比之年。按照当时考试的规定，考生必须散发脱衣接受检查，以免夹带作弊的东西。王世杰觉得这简直就是有辱斯文，叹"吾宁曳履衡门矣"，于是连考场的门都没进就返身折回家去了。后来，王世杰又有两次当贡生的机会，他都让给了别人，第一次的理由是双亲年老需要他伺奉，第二次是父亲已死而母亲年迈。但是以养老母亲为名不出仕，单靠种地教书，常常"饔食不继"。他母亲临死时说："尔贫日益甚，吾死，尔必仕。勿忘吾言!"丧事后，王世杰便去应贡，入南雍（南京）。祭酒陈敬宗早就听说王世杰的大名，便待以友礼，而不入弟子之列。第二年，陈敬宗向朝廷举荐，然而可惜的是，王世杰却殁了。

王世杰死后，他自己编写的《易春秋说》《周礼考正》的手稿，"为其同舍生所取"，散失不知所终，仅存《槐里杂稿》数卷。他的儿子，就是一手带大王阳明的王伦。

父祖轶事

明成化年间（1465—1487年），王伦成为秘图王氏一脉的主传人。王伦，字天叙，生性酷爱竹，所居轩外就种有成片成片的竹林环绕，他呢，每天就以在竹林丛中诵读天下文章为乐。一生与竹林为伍的王伦造就了自己品行中的淡泊，看透利禄如烟云般易散，功名也如浮华般易逝。每当有人前来伐竹用以修建房子，他就指着门前这片竹林告诉对方：这是我直谅多闻的挚友，我怎么能舍得丢下他们呢？因此，同行多敬称他为竹轩先生。

魏瀚的《竹轩先生传》记载："（竹轩）先生容貌瑰伟，细目美髯，与人交际，和乐之气，蔼然可掬，而对门人弟子则矩范严肃，凛乎不可犯。为文章好简古而厌浮靡，赋诗援笔立就，若不介意。"祖父仁义和乐、与人交际亲切蔼然而尊严不可侵犯的个性，连同他的敏捷练达的才智、"细目美髯"的相貌，一并遗传给了王阳明。相比王阳明的父亲王华而言，祖父对少儿时代的王阳明的影响更为切实更为巨大，当我们了解了王伦是怎样一个人后，自然会对王阳明在人生道路上对于各种坎坷磨难等闲视之的心态有追源溯流之感。

王阳明的父亲王伦早承父亲庭训，德业凤成。刚到弱冠之年，浙东、浙西两地大家族就竞相延聘请为子弟师。他教人子弟，总是尽心尽责，惟恐有失。因此凡是经过他教授的学生，"德业率多可观"。父亲槐里先生只给他留下几箱书，他每开书箱，都伤感地说："此吾先世所殖也。我后人不殖，则将落矣。"但是，关于他本人是否曾去应科考，所有的传记文献都不见记载，我们现在推测，他应该是去考过的，但没做成官。只是后来由于状元儿子的关系，被封修撰，"后与槐里公俱赠嘉议大夫礼部右侍郎"，死后因孙子王阳明的功劳，"俱追封新建伯"。

王华，字德辉，号实庵，晚号海日翁，是王伦第二个儿子。因曾读书于龙泉山中，学者称"龙山先生"。王华生平"穷年口诵心惟，于书无所不读，而尤好观《仪礼》《左氏传》《司马迁史》。雅善鼓琴，每风月清朗，则焚香操弄数曲。弄罢，复歌以诗词，而使子弟和之。"当时凡是认识他的人，都说他胸次洒落，跟陶靖节（陶渊明）、林和靖（林君复）相比，有过之而无不及。王伦还有一宗好处，就是极富同情心，亲戚邻里中，如有贫寒者，总是解衣推食，惟恐不及。因此，在当地赢得了很高的声誉。

有关王华的传闻史料相对较多。丙寅（1446 年）年九月的某天夜里，王伦的母亲孟氏做了一个梦，梦中她的姑姑似仙女一般，怀中抱着一个绯衣玉带的一个童子递给她，并说："新妇平日事吾孝，今孙妇事汝亦孝。吾与若祖丐于上帝，以此孙畀汝，世世荣华无替。"一梦醒来，儿媳岑氏已连生二子，故给他们两个取名为王荣、王华。

王华生而警敏，刚开始能说话，祖父王世杰便口授以诗歌，王华一例过耳成诵。等年纪再大一点，就到了读书过目不忘的境界了。

六岁那年，王华与一大群孩子在河边玩耍，见一醉汉晃晃悠悠走来，在水中洗了一会儿脚后，又晃晃悠悠地离去。天色快到午时，同伴们纷纷回家，王华却意外地发现之前醉汉洗脚的地方有一提囊，打开一看，里面竟有几十两银子。毫无疑问，这提囊是醉汉落下的。

王华想把提囊送还醉汉，可又不知道醉汉去了哪里，转念一想，那醉汉酒醒后就有可能还来寻找，于是就将提囊沉入水中，以免他人拿走或者抢去，自己坐在河边等人。果然，过了一会儿，那醉汉就号哭而来。

王华迎了上去，问道："你可是来寻找提囊的?"那人一听这话，赶忙问道："小孩，你可曾见到?"王华笑着指指河边："你的提囊现在水中。"那人急奔河边，从水中取出提囊，打开一看，银两丝毫不少，不禁破涕为笑，赶忙取出一两银子，递给小孩。王华笑道："我连几十两银子也不要，怎会收你一两银子？"醉汉既惭愧又感激，来到王家后，不管年老年少，见人就拜，以答谢孩子。王伦喜不自禁，连夸儿子有出息。

又有一次，母亲岑式在窗下作事，王华在一边坐着读书。时逢迎春，村邻的孩子们都吆五喝六外出观玩，只有王华一人仍独自安然地看书。母亲问他："你要不要也暂时歇一会，前去看一看？"王华说："妈妈你错了，观春怎么能跟观书相比？"喜得岑式不知如何是好。

十一岁那年，王华跟同里私塾老师钱希宠学习。一开始学的是对句；一个月后已经学得很好，便转而开始学诗；又过两月有余，已经开始习文了。数月之后，私塾中其他同学的学习进度都被他远远抛在后面。老师钱希宠大为惊讶，叹道："到了年底，我再也没什么可以教你的了。"

十四岁那年，王华与几个同伴一起在余姚龙泉山寺院中读书。那些富家子弟，仗着龙泉寺是靠着他们父辈的施舍才香火繁盛，所以经常欺负院中的和尚。龙泉寺中据说曾闹过鬼，和尚们便装神弄鬼起来，想报复几个小子。那些少爷兵果然吓得赶紧逃离，只有王华一人不为所动。和尚们暗暗称奇，又想出各种怪异的点子，把里里外外的气氛搞得真像鬼欲吞人一般。一次，在风雨交加、雷鸣电闪之夜，几个和尚分头行动，敲门击窗，扮鬼哭狼嚎，同时在门窗缝隙观看王华的动静。然而王华始终正襟危坐，神气自若，怡然地看他的书。没办法，和尚们只得近前问道："同伴们都离寺而去，你一人独留寺中，怎么一点都不害怕？"王华反问道："我为什么要害怕？"和尚们又问："这几天夜里，你看到些什么？"王华又反问："我能看到什么？"一个小和尚忍不住问道："近日寺内又在闹鬼，你难道不知道？"王华笑道："我只看到几个沙弥在作祟而已！"一众僧人听了顿觉奇异，便怀疑这孩子已经发现了他们的秘密。因此，仍假意说道："莫不是我们寺中圆寂的师兄们在作祟？"王华笑道："不是你们死去的师兄，而是现在你的师弟们呢！"那和尚又说道："你难道亲眼看见我们这些人在故意捣乱？空口白话而已！"王华说："我虽然没有亲眼看见，但如果不是你们自己在捣乱，你们怎么会知道我肯定看到了一些邪门的事啊？"和尚们不禁叹服："君天人也，异时福德何可量！"

成化初，张时敏为浙江学政，考校余姚士子，列王华和谢迁居首，并且宣称："这两个学子将来都是状元的人选，福德不可限量。"浙江布政使宁良为子弟挑选老师，请学政推荐。张时敏颇为得意地说："但求举业高等，则如某某者皆可。必欲学行兼优，惟王某（王华）耳。"

王华受聘来到祁阳（今属湖南）宁家，住进为他安排的梅庄别墅，不禁大喜过望。因为别墅中至今仍有藏书数千卷。王华白天授课，晚上则借着灯光诵读，"昼夜讽诵其间，不入城市者三年"。学问大进，对《四书》《五经》的"微言大义"有了更深的感悟。当时有位姓陈的人，特地来到梅庄请教，还总时不时抽本书出来，随便翻一页，然后问王华。谁知，王华竟每次都能默诵如流。

当时王华才刚过弱冠之年，回乡时，当地士人在江边亭楼设宴饯行。饮至夜深，酒酣人散，独留王华宿于亭中。王华推门入室，刚想就寝，谁知帐内竟然坐着两个美貌女子。王华已经有了几分醉意，见状大惊，返身退出，却不料亭门已经落锁。情急生智，他奋力推开窗户，卸下亭内一扇门板，投入江中，然后跃身跳上门板，连夜渡江而去。几个惯于恶作剧的祁阳士子正在就近窥视，看着王华的身影渐渐消失在夜色朦胧之中，不禁相顾赞叹。

关于王华的趣事还有很多很多，但是这些事件发生时，王阳明还没来到人世。纵然后来阳明出生后，由于父亲常年在外教书，也一直难得亲受父亲教诲，但不管怎么样，王华身上的优良品性全都遗传到了阳明身上，尤其对于阳明在仕途上的作为大有影响。

幼年锋芒

成化八年（1472 年）农历九月，王华仍然在外教书，一时照顾不到家中贤妻郑氏怀孕已十四个月却仍未生产的大难题。而王伦在家面对着门外千杆翠竹也只能一筹莫展。九月三十日，王伦才在辗转中安睡不久，却被妻子岑式惊醒。说是她做了一个梦，梦中有一仙女穿着绯红色的衣服，从云中飘然而下，在阵阵仙乐声中，把怀中抱着的一个婴孩递送到她怀中。刚一说完，夫妻俩便听闻从儿媳房内传出婴儿啼哭之声。王伦曾听他母亲孟氏讲过王华出生时做过的梦，甚觉诧异，就为孙儿取名王云。"王家的孙子是从云中来的！"第二天，全村全乡的人都知道了。人们竞相奔走，指着王家媳妇生儿子的那座小楼，越看越觉得不同一般，便称它为"瑞云楼"。

成化十二年（1476年），王云五岁，聪明伶俐，人见人爱，却仍然不能说话，这可急坏了王伦众家人，怎么逗也没用，怎么引导说话也无济于事，郎中也找了一拨又一拨，可又找不出病症。

有一天，五岁的王云与群儿嬉戏，只见迎面来了一位和尚，貌相古怪，衲衣破旧，大伙儿都觉得好奇。那僧人见了王云，打量了半天，最后摸了摸他的头，长叹一声说："好个孩儿，可惜道破。"说罢扬长而去。一伙孩子回到王家，七嘴八舌地向大人们说了这事，王伦纳闷了半天，不知这"可惜'道破'"究竟是为何事何物。费了好长时间，王伦好不容易悟出了其中奥妙："道破"两字，字面上是说泄露了某个天机，既然孙儿现在不会说话，肯定是名字中就含了说话的意思。可不？这"云"字在当时的语境中，作动词时就是"说"的意思，难怪他一直不会说话，一定要把"云"字改掉才好；"道破"，也可以指当今时事天下道德沦丧，伦理破败，礼乐崩坏，既如此，就该让孙儿好好坚守儒家义理才是。于是，王伦根据《论语·卫灵公》中"知及之，仁不能守之，虽得之，必失之；知及之，仁能守之，不庄以莅之，则民不敬；知及之，仁能守之，庄以莅之，动之不以礼，未善也"一段句意，认定要孙子"仁能守之"，于是取名"守仁"。

果然，爷爷把名字一改，孙儿便即刻开口说话，而且还朗诵了祖父平日里经常吟诵的一篇文章。王伦一听大惊，连忙问道："这文章你何时学得的？"守仁答道："这是祖父前日读过的，孙儿已默记在心。"王伦听了，又惊又喜，这孩子神了，将来必非常人！早就听祖辈传说有个高人相士说我家中落数百年后，必将有大儒名臣出世，难道指的就是守仁？

王阳明从小喜好象棋，以致经常沉湎其间而忘攻读书文，母亲天天规劝，他都不听。一旦在家中下棋遇到母亲阻拦，他就跑到外面去下。有一天，他又约上棋友，在离家不远的武胜门外桥下对弈。到了吃午饭时间，母亲见家里寻不着儿子，便揣度他肯定又出去下棋去了。于是到处呼唤，直至寻至武胜门外桥下。但两个孩子太过于专注，都没觉察到阳明母亲过来。郑氏见状气极，便将棋子尽数倒入河中。王阳明见棋被河水冲走，惋惜不已，当即随口吟出一首《哭棋落水》的诗来：

> 象棋终日乐悠悠，苦被严亲一旦丢。
> 兵卒堕河皆不救，将帅溺水一齐休。
> 车马千里随波去，相士入川逐浪流。
> 炮沉江底寂无声，象窜心头使人愁。

站在一旁的母亲见儿子吟出这样一首好诗，又好气又好笑，也不好意思下手打儿子了，只是拉回家吃饭而已。

转眼又是五年，时间到了成化十七年（1481年），王华一举成名，在京师殿试中名列第一，中了状元。这是自有科举以来，浙东王氏的第一个状元。王伦高兴之余又犯了纳闷：这子孙二人，到底哪个才是我王家的大儒名臣呢？亦或者两个都是？

按明朝制度，每届科举的前三名也就是一甲进士，都要留在翰林院做史官，状元授修撰，榜眼和探花授编修。修撰其实只是从六品官，编修仅正七品，但从工作的意义上来看，毕竟还是个很清要的职务。自明英宗正统时开始，"经筵"及"日讲"成为制度。每月的初二、十二、二十二这三天是经筵日，每逢单日则是日讲。经筵及日讲时，皇帝在文华殿听大学士和翰林官讲论经史。这样，翰林官经常有机会接触皇帝，这是日后升迁的保证。王华中状元后，即为修撰，不久就为日讲官。第二年，他就派人去余姚接父亲去京城颐养天年，顺便把儿子也带上。阳明时年十一岁，听说要去最繁华的京城，自然喜不自胜。

这一天，祖孙二人来到镇江，这里是南来北往的客商、官宦的必经之地，故而极为繁荣喧嚷。镇江西郊有金山，紧靠长江有北固山，在长江的江心有焦山，三山遥相呼应。金山上有始建于东晋的金山寺，关于金山寺的传说俯拾皆是，最著名的当数青、白二蛇斗法海，水漫金山三天三夜的故事，还有一些是关于苏轼与他的好友佛印的奇闻轶事。

那夜，祖孙二人夜宿金山寺，王伦看着满眼精致的夜色，不禁豪情勃发，与寺中游客行起酒令来。酒过数巡，一位游客提议以诗劝酒。王伦正在凝神思索中，不料一旁观战的王阳明却已然口占一绝云：

> 金山一点大如拳，
> 打破维扬水底天。
> 醉倚妙高台上月，
> 玉箫吹彻洞龙眠。

众人听罢，都不觉大吃一惊，虽说这诗都是孩子话，在格律上不是特别讲究，但这气势，这口吻，绝非平常孩童能吟出来的。看他不但要"打破"还要"吹彻"，不但山如拳般小，而且还要吵醒困龙。于是都不禁大加赞赏。又有一游客出了诗题，专门让孩子"赋蔽月山房诗"，一旁的爷爷虽然也暗自得意孙子能口出不凡，但到底还是谦虚为要，就笑着说道："孩子家纯粹是瞎胡闹，哪里懂得做诗。你就别难为他了！"阳明知道爷爷这是话外有话，让他好好再做一首呢。于是，略加思索，随口又出一绝云：

> 山近月远觉月小，
> 便道此山大于月。
> 若人有眼大如天，
> 还见山小月更阔。

众人又是一番赞赏惊叹，这"人眼大如天"之句，对于孩子而言，竟乎神来之笔。小小孩童，即兴赋诗两首，一时传为佳话。

祖孙二人不久便到京师，阳明还未及从都城繁华的新鲜感中挣脱出来，就被父亲规划好了学习生活。其实，王华对儿子的态度与王伦对孙子的态度是大相径庭的。虽然在人格影响上，父亲和祖父都对阳明产生了积极的影响，但在仕途这一条道上，两个人的心境和出发点都是不一样的。王华身为状元郎，自然希望将来儿子也能顺畅地走上仕途，在政坛上有所作为；而王伦一辈子洒脱惯了，对于孙子近乎溺爱，只要阳明健健康康成长，有一个快乐的童年和少年时代，凭着自己的本性发展，就已经足够了。所以这次一到京师，王华嘴上不明说，暗地里就是想把父亲给自己的儿子造成的潜移默化的影响，慢慢纠正过来。

王华将儿子安排到了附近的一处私塾，和另外几个官员的孩子们一道读书。阳明一开始很不满意，那些《百家姓》啊，《千字文》啊，《三字经》啊，《幼学琼林》啊什么的，在余姚老家早就跟爷爷学过了。后来跟几个同学打闹熟了，便也喜欢起来。《王龙溪先生全集》卷二《滁州会语》中就说阳明生来就是个"英毅凌迈，超侠不羁"的孩子，于是经常见他跟一群孩子在上下学路上，玩得昏天黑地。虽然几次让父亲严加训斥，但每次都有爷爷护着他，所以，阳明的天性发挥更肆无忌惮起来。

有一天，阳明照例与同学们在长安街上闲逛，在市场上看中一只黄雀，讨价还价之间与摊贩争吵起来。这时候过来一个相面的人，看了王阳明几眼，掏钱买下黄雀，特意送给王阳明，然后仔细打量了个遍，对他说道："我现在为你看相，你今后得好好记住，时常想起我说的话才是。"然后念了几句类似偈语的话："须拂领，其时入圣境；须至上丹台，其时结圣胎；须至下丹田，其时圣果圆。"说罢，飘然而去。

同伴们一句都没听懂，也都不以为意，哄散而去。阳明却不同了，他不但一字一句听得清记得明，而且还暗自琢磨推敲：入圣境、结圣胎、圣果圆，说的到底是什么呢？后来他终于明白了，原来那相士说的话是：当你胡须飘拂衣领的时候，就会进入圣贤之境；当你胡须长到上丹田的时候，就会结成圣贤之胎；当你胡须长到下丹田的时候，就会修满圣贤功果。从此，活泼好动的阳明突然变了个样，经常动不动就对着书本静坐凝思，而这，王华、王伦、私塾中的老师一个个都不明就里。

有一次在课堂上，阳明突然向老师提了一个问题："何为第一等事？"老师听了一愣，不明白这孩子突然之间冒出这么个问题目的何在，老师略一思索，便说到："惟读书登第耳。"他想以此来激励学生们发奋用功，然后进取功名。谁曾料到，王阳明竟然反驳道："登第恐未为第一等事，或读书学圣贤耳。"状元及第竟然不是读书人的第一等事，第一等事竟然是学做圣贤之人，这话出自小小孩童之口，让老师不禁自觉可笑可叹又自惭形秽。消息不胫而走，一下子就传到了王家。王华不禁又凭空多添了一分忧虑，说道："你小小年纪，居然想做圣贤？"而王伦则抚掌大笑，对孙子说："汝欲做圣贤耶？好好好，有出息！"

成化二十年（1484 年），阳明时年 13 岁，母亲郑氏却在余姚过早离世，这对在京师的阳明造成精神上很大的刺激，居丧期间哀痛不绝。

如果说在赴京途中和在私塾求学都体现了王阳明少年时代在儒学理想上走的不同凡响路，那么 15 岁那年单枪匹马独闯居庸关，则是王阳明立志忧天下国事、用超绝的武功智慧报效朝廷、安抚百姓的精彩序言。

其实阳明早在十四岁的时候就开始学习骑马和射箭，同时又研究兵法，对于习武，他自己的看法是："一般读书人有一个缺点，就是只能文而不能武，孔子当年推行国政的时候，一定是有文事必有武备。而现在读书人大都心态狭小，理想不高，只能在现实中追求功名，安享富贵，一旦发生重大事故，往往临变束手无策，这是通晓事理的大儒所不耻的！"

成化二十二年（1486 年），阳明独自带着仆人，闯出居庸三关去了。这里就有必要先交代一下时代背景。成化年间，明朝处于内忧外患的时期，一面是历经土木堡之变后，继瓦剌之后的鞑靼成为明朝北境边患，人人到了谈"虏"色变的地步。甚至在某年冬天，两个蒙古骑士驱赶着几百名汉族老幼和上千头牛羊，从容度过结冰的黄河，附近的几千明军站在城头上，只能袖手旁观，却无一人敢站出来解救百姓。另一面，荆襄流民起义一而再再而三地爆发，时断时续闹了近 20 年。身处京师的王阳明，年纪虽小，却每每听闻这些事情，总大有扼腕叹息之感，一股正义之火升腾而起。于是，他开始特别留心有关用兵打仗等军事之事。

居庸三关即为下关、中关、上关，各自相距十五里，出上关北门又十五里为八达岭。在那个年代，居庸关扼京城北向之咽喉。阳明骑马逶迤而上，路遇一个"胡儿"（当时对蒙古族小孩的称呼）骑着马在草原上溜达。阳明拍马向"胡儿"飞驰而去，那"胡儿"见了，不知这个孩子身后有何仗势，竟仓皇而逃。跑出一箭路，回头一看，原来对方也就是一个孩子而已。这让阳明心里非常得意，悟出了并非胡人真的可怕，而是汉人自信全无，不战自败。年谱中记载王阳明这一段故事时说："先生出游居庸三关，即慨然有经略四方之志：询诸夷种落，悉闻备御策；逐胡儿骑射，胡人不敢犯。经月始返。"

在返身回京的路上，王阳明做了一个梦，梦中他去拜谒了汉朝伏波将军马援的庙堂。关于马援，现在大家最熟悉的可能就是他的"马革裹尸"这个成语了。马援（公元前14年—公元49年），字文渊，东汉一代名将，人称伏波将军。马援不仅军事才能卓著，而且对于边疆农牧业的发展也大有功劳。他曾投奔识人用贤的光武帝协助平定隗嚣，又在破羌安陇的战斗中，身先士卒，置被箭射穿的腿肚子而不顾，仍征战到获胜才歇。最后在62岁高龄出征五溪蛮，屡战屡胜，最终病逝在征途中。从马援的梦中一觉醒来，阳明更是心志高昂，热血沸腾，急急地赋诗一首：

卷甲归来马伏波，
早年兵法鬓毛皤。
云埋铜柱雷轰折，
六字题文尚不磨。

一个十五岁的少年对战事事功的向往之情跃然纸上。不仅如此，他还真的立马就付诸实际行动了。当时，河内石英、王勇盗起，秦中石和尚、刘千斤作乱，荆襄战事再起。消息传到王家，王阳明摩拳擦掌，要上书朝廷，为平乱安民出谋划策，弄得王华哭笑不得，不得不厉声斥责阳明年少轻狂，不知外面天高地厚。王华怒喝道：你懂什么，治安缉盗要有具体办法，不是说几句现成话就能见效的。还是先敦实你的学问，再来建功立业罢！此时，爷爷王伦已经回余姚老家了，阳明没有"靠山"，只得忍吞作罢。

青年履痕

孝宗弘治元年（1488 年），阳明受父命仍回余姚老家，主要有三件大事：一来祖父母年事已高，孙儿在旁可以慰藉两老心灵；二来阳明时年十七岁，到了科举应考的年龄，按朝廷的规定得回原籍参加乡试；第三，最重要的，那就是小登科，与同乡诸家完婚。

婚后第二年，即弘治二年（1489 年）十二月，阳明辞别岳父，携妻回老家余姚。途中，他在广信（今江西上饶）拜访了吴康斋的得意弟子、当地著名的理学家娄谅。具体会晤的详情史料记载甚少，不过有一点是肯定的，就是结束会面后，王阳明"遂深契之"，坚定了"圣人必可学而至"的信念，似乎也暗下决心要往这方面去努力。黄宗羲在《明儒学案》卷二中介绍了上述内容以及王阳明专访问学之事后，明确地说：王阳明的姚江之学，娄谅发其端也。娄谅反对"举子学"，倡导"身心学"，议论虽主程朱居敬之旨，却深深地潜行濂溪明道之学，而濂溪明道正是心学的一个有力的来源。

回到余姚后不久，祖父王伦就去世了，时年弘治三年（1490 年），这对阳明来说，其打击似乎更甚于母亲郑氏的离世。因为童年和少年时代的生活，祖父的洒脱、豪放、自在、富于创见等等，都在他身上打上了深深的烙印。

料理完丧事后，阳明一边随父守丧，一边按照父亲的嘱咐，开始准备三年一度的科举考试。王家既为大家，此次应考就不只阳明一个人了，同时准备应考的还有他的三个堂叔和一个姑父。明朝科举以永乐时编修的《四书大全》《五经大全》《性理大全》为教材，以朱熹所编注的《四书集注》等为主要内容，考试的中心还是围绕经义进行理解和阐述。

阳明白天和四位长辈一起解析经义，准备考试，晚上则将祖父和父亲留下的经史子集各类书籍遍加检索，一直熬到深更半夜方才就寝，因此学业进展神速。当他的三个堂叔和一个姑父发现了这个秘密后，不禁相顾叹息，由衷地发出"彼已游心举业外矣，吾何及也！"的慨叹。更为难得是，阳明竟一改原先嬉笑怒骂、爱开玩笑的生活情状，终日端坐静思，闲话一句都没有。长辈们看在眼里，纳闷在心里，终于按捺不住，前去问个究竟，阳明竟正色答道："吾昔放逸，今知过矣。"四人一听，除了暗自佩服，也各自觉得惭愧。

弘治五年（1492年），王家一家五口参加了浙江乡试。据说，那次乡试的前一天晚上，考官们在巡查考场的过程中，竟发现有两个特别高大的巨人，都穿着绯绿色的衣服，分东西两个方向对立，一个对另一个说道："三人好做事。"正当巡视的人想大喊一声是谁时，他们竟忽然地就不见了。秋闱发榜，阳明中了举人，他的四个叔叔姑父竟全部落榜。而同期跟阳明一起中举人的，还有孙燧、胡世宁两人。事后有人才想起之前半夜曾听两个幽灵一样的人说过的"三人好做事"一句。当后来正德年间，宁王宸濠谋反，最早对这一阴谋进行揭露的是尚书胡世宁，誓死不与宁王合作而被害的品级最高的官员是孙燧，最终平定叛乱的，就是王阳明。不过想这两巨人密议之事，也是后人附会而已。

乡试中举后，阳明父子丧期也刚满，于是就双双前往京师参加会试去了，也就是要从"举人"再次考试变成"进士"。可惜的是，两次会试，阳明均落榜。直到弘治十二年（1499年），王阳明迎来了生命中第三次会试，终于顺利过关。据湛若水的《阳明先生墓志铭》所记述，阳明此次考试本来入了一甲，因"徐穆争之，落第二，然益有声"。也就是说，原来应该为会试魁首的，却有同试的考生作弊，主考程敏政下狱，王阳明受到牵连，被下调落第二了，即二甲，"赐二甲进士出身第七人，观政工部"。这个名次虽然不及父亲第一名状元及第来得显赫，却也不致辱没家门。时年阳明28岁。

弘治十三年（1500年），阳明"工部观政"期满，朝廷让他去做刑部云南清吏司主事。第二年，又奉命审录江北，那里的工作主要是录囚，也是刑部十三司的例行事务。用现在的话说，主事们每年都要会同都察院的巡按监察御史到所管的布政司或带管的部门清理案件、平反冤狱。在那里，阳明为很多冤狱做了平反工作。

弘治十五年（1502年）五月，阳明回京师复命，并得以因病告归，来到余姚城郊的阳明石洞结庐而居，专心修身养病。第二年转移到杭州，并与山僧研讨佛理。经过长期的探索、比较后，结合自己对人生的思考，阳明渐渐感到佛、道两说均与情理不合，于社会无补；同时对朱熹的理学束缚人性颇为不满，体认到只有孔孟原始的儒学有益于社会，于是他开始寻求真正的"圣学"。弘治十七年（1504年），阳明返京复职，想以所学为国为民效力。该年秋，就被调任山东乡试主考官，并取得成功。这次乡试他看预选的举人们的眼光相当准，最后评定高下时，都依了他的判断。因为主考乡试引导学生经世致用，并取得了极大的成功，回京复命后，阳明就由刑部云南司主事改任为兵部武选司主事。可惜的是，谁也预料不到，好景不长，兵部第一司的主事才做了两年有余，接踵而至的却是锒铛大狱。

弘治十八年（1505年）五月，年仅三十六岁的孝宗皇帝朱佑樘因服用丹药过量而死，他年仅十四周岁的儿子朱厚照继承了皇位，年号为"正德"，谥号承天达道英肃睿哲昭德显功弘文思孝毅皇帝，亦即明武宗。朱厚照为孝宗长子，两岁被立为皇太子，其生母张皇后，是孝宗一生宠爱的唯一一个后宫千岁，朱厚照原还有个亲弟弟，然而早夭，因此他自小就被视为掌上明珠。事实上，少年武宗也的确非常聪明活泼。只是当时东宫随侍太监中，有以刘瑾为首的八个太监号称"八虎"，他们为巴结太子，每天都进一些奇特的玩具，还经常组织各式各样的演出与体育活动。贪玩的太子终于沉溺其中，而且终其一生没有自拔。

正德元年（1506年），宦官刘瑾专权害政，施行残酷的特务统治，大批忠直之臣被陷害致死。这年冬天，王阳明为营救南京科道、给事中戴铣等二十一人，触犯了权宦刘瑾，被廷杖四十入狱，后被贬谪龙场驿。

幸而塞翁失马，焉知非福。阳明凭借坚定非凡的毅力、豁达坦然的生活态度，度过了三年最艰难的贵州岁月，不仅如此，龙场悟道成为阳明开创自己心学的转折点，成为中国思想史上的重大事件。

巨星陨落

正德五年（1510年），阳明改任庐陵知县。他在"痴儿子却公家事"（黄庭坚在泰和当县令时写的诗句）的余暇，继续潜心于他的理学体系的建构，常与安福邹守益，泰和罗钦顺、欧阳德，永新颜钧，吉水罗洪先，永丰聂豹、何心隐等与他学术见解相近相似的读书人，到青原山去大讲"良知之学"。至年底，王阳明升任南京刑部主事，第二年正月即改任吏部主事，二月任会试同考官。正德七年（1512年）三月，阳明擢升考功清吏司郎中。在这一年，有不少学子如黄绾等二十余人拜王阳明为师受业，他们后来均成为著名学者。年底，王阳明被擢升为南京太仆少卿，上任前奏请回余姚省亲。

正德八年（1513年）春，阳明率学生友人徐爱等入四明山游览，观白水，寻龙溪之源，登杖锡，至雪窦，上千丈岩，以望天姥、华顶，沿途随景点化学生，取道宁波还余姚。十月，赴滁州督马政。政事之空暇，即讲学于滁州琅琊山，以滁山佳景来点化学生，他的讲学活动从此兴盛起来。

正德十一年（1516年）八月，兵部尚书王琼推荐阳明擢任金都御史，巡抚南（安）、赣（州）、汀（州）、漳（州）等处。那时，闽湘赣粤各县交界处正值暴乱频仍的动荡岁月。之前朝廷派出的官军征剿往往失利，王阳明到任后，改变前任一味剿杀的政策，注重安抚和善后处置。调整兵制，选派民兵，行十家牌法，设立兵符，侦敌虚实，出奇制胜；率先平定漳州暴乱，然后平定横水、桶岗、大帽、浰头等处暴乱。王阳明所统率的都是书生及偏裨小校，却能摄之以静，平定数十年都解决不了的军事难题如摧枯拉朽一般，远近百姓个个都把他敬奉为破山中贼之神。

事后，为稳固民心，发展生产，阳明还严惩逼民造反的恶霸乡绅、贪官污吏，以解除民患。他召集各地长官，指令他们去除苛捐杂税，减免徭役，救灾赈济，真心安抚民心。他还亲自派出官军，帮助百姓造房筑舍，开辟山道，修造梯田，施放耕牛和种子，劝令农民勤耕纺织。并兴办社学，改进教化，达到移风易俗、协调矛盾、促进社会发展的目的。他还依据地理位置的需要，奏请增设清平、崇义、和平三县，始筑城池，为发展这三处山区的政治、文化和经济建设创造了条件，被各地百姓尊为破心中贼之灵。

正德十四年（1519年）六月，明王朝宗室宁王朱宸濠在南昌起兵谋反，叛军十万，势如破竹，陷南康，下九江，顺流而下。一路克安庆，逼南京，大有挥戈北上直取京城之势，明朝廷上下震动，惊慌失措。这时，驻守在丰城的赣南巡抚王阳明迅速赶到吉安，果断决策，调集军队，直捣叛军老巢南昌。宸濠闻讯，急忙回师救援，王阳明与叛军大战鄱阳湖，仅用了42天时间，王阳明就大败蓄谋十多年的叛军，在南昌附近的生米街生擒朱宸濠。一场危及江山社稷的大叛乱几乎在谈笑间就平定了。可是，王阳明立下如此赫赫战功，不但没有得到朝廷的奖赏，明武宗反而觉得王阳明这么快就轻而易举平定了叛乱丢了自己的面子，认为像这样的战斗应由他亲自带兵南征才能显示"皇威"。在这种情况下，王阳明连夜赶到钱塘，将宸濠交给太监张永，同时遵照武宗的旨意，重新报捷，将平叛的胜利归功于武宗，这样才顾全了皇帝的面子，保证了王阳明的身家性命。

当张永将宁王俘虏交给武宗后，武宗仍不回朝，在扬州、南京一带玩了七八个月。众多原先与宁王同谋或有牵涉的嬖幸，以及害怕王阳明功高晋级的权贵们，纷纷诬言构陷，极力排挤王阳明。王阳明建有勘定祸乱之功，却是功高遭忌，只得假称有病潜居于杭州西湖净慈寺、庐山白鹿洞书院。武宗派人暗中观察，了解到王阳明正直无私，并无异心，一时顿悟，即下旨命王阳明兼任江西巡抚，速返南昌理事。

正德十五年（1520年）九月，武宗终于玩得尽兴了，准备回京，路过清江浦，发现湖里有鱼，竟然亲自驾了一个小船去抓鱼，舟覆落水，左右慌忙把他救上来。然而受了凉又受了惊吓的武宗，从此一病不起。更荒唐的是，回到北京后，武宗仍恣意淫乐，导致病情越来越重，终于在正德十六年（1521年）三月一命呜呼，结束其荒淫腐朽的一生，时年三十一岁。

武宗死了，却没有继任太子，这可是朝廷第一桩大事。皇太后急召当朝首辅杨廷和进宫商量，杨廷和说："按照祖宗遗训，父终子嗣，没有儿子，就兄终弟及，皇上没有亲弟弟，但有一个堂弟，现在湖广安陆，封兴王，是宪宗的孙子，孝宗的侄子，皇帝的堂弟，名朱厚熜，按照次序当立兴王。"太后同意，当即派人到湖广安陆（今湖北钟祥县）接朱厚熜入继大统，即明世宗嘉靖皇帝。

正德十六年六月，世宗皇帝一即位，便召王阳明进京候用。谁知阳明行至中途，被辅臣暗中派人阻拦。阳明知道权奸暗中刁难，此行凶多吉少，当即乞请便道归余姚省亲。世宗准令王阳明归家省亲，特升任南京兵部尚书，参赞机务。十二月，世宗论功封赏，特进王阳明为光禄大夫、柱国、新建伯，并敕建"伯府第"

于绍兴府山阴县东光相坊，全家自余姚迁居越城。

这时的王阳明已经到了知天命之年，饱经忧患的他，更加相信"良知"之说，于是正式揭示"致良知"之教。他曾说："我此'良知'二字，实千古圣圣相传一点真骨血也。某于此'良知'之说，从百死千难中得来，不得已与人一口说尽。"

嘉靖元年（1522年）二月，父亲王华病逝。王阳明守制居丧，悉心探索他的"心学"体系，讲学于余姚、绍兴两地，正式架构起属于自己的博大精深的心学体系。三年丧期满，朝中权贵一如既往地妒忌、排挤，阳明未能按期起用，继续家居，长达六年之久。嘉靖六年（1527年）六月初六日，在朝廷整整有五年多时间没有过问阳明生死后，兵部派出的使者带着公文突然来到绍兴王家。公文说，两广未靖，命王阳明以南京兵部尚书总制军务，速往广西，督同巡抚两广都御史姚镆等勘处。

广西是瑶、壮等少数民族的集居地，又是明朝政府首批推行"改土归流"的地区。各少数民族及其首领之间，少数民族与汉民之间，土著居民与明朝地方政府之间，一直存在着一些理不清的关系和在当时难以解决的矛盾，所以长期陷于战乱之中。礼部尚书蒋冕就在给王阳明的信中说："近年，吾广西州县，处处皆贼。"如广西思城州土官岑钦先后与田州土官岑溥、泗城土官岑应相攻掠。弘治三年（1490年）岑钦进攻南宁，大肆杀掠，烧城而去。弘治十二年（公元1499年），田州府土目李蛮、黄骥拥兵作乱，以致"杀掠万计，城廓为圩"。直到嘉靖五年（1526年）朝廷派姚镆领兵弹压，延续30年、波及广西大部的"思田之乱"才告终。

王阳明被擢升总制两广、江西、湖广军事，兼都察院左都御史，征讨广西思恩、田州，完全是因为明王朝实在拿这个烫手山芋没办法，在朝中根本找不出能替皇帝分忧的能人。其时阳明老年得子未多久，绍兴又齐聚了他的诸多弟子，所以并不想参与政事。于是王阳明以肺病日重怕误国事为由辞职，上疏言："臣伏念君命之召，当不俟驾而行，矧兹军旅，何敢言辞？顾臣患痰疾增剧，若冒疾轻出，至于偾事，死无及矣……"可阳明不去又有谁能帮朝廷解忧排难呢？所以嘉靖皇帝不管不顾，下令说："卿识敏才高，忠诚体国。今两广多事，方籍卿威望，抚定地方用纾朕南顾之怀。……勿再迟疑推诿，以负朕望。……钦此，钦遵。"

就这样，王阳明开始了人生中的最后征战。

九月初八，王阳明"扶病启程，沿途就医服药调理，昼夜前进。奈秋暑旱涩，舟行困难，至十一月二十日，始抵梧州"。在梧州，王阳明召集地方官员了解情况，并把他来广西的经过、了解到的民情、处理问题的初步意见，汇集成《赴任谢恩遂陈肤见疏》，向皇帝呈递。十二月二十六日，王阳明率部抵达南宁。历经多年的贼灾战乱，此时的广西"已如破坏之舟，漂泊于颠风巨浪中，覆溺之患，汹汹在目，不待智者而知之矣"，因此阳明采取了招抚为主镇压为辅的军事策略，接受土酋卢苏、王受的投降，结果是不动一刀一箭，未杀一人一目，于嘉靖七年（1528 年）二月平息了田州、思恩州的暴乱。同时兴办田州、思恩、南宁等地学校，延师授徒。

七月，因为广西境内的八寨、断藤峡等蛮酋负固稔恶，流劫出没，攻城池、杀官吏、放囚犯、抢财物，为害一方，百姓旅人深受其苦，地方不得安宁，阳明于是就率兵分道出征，一月之内，尽平山寨，令官府头痛了一百多年的八寨和断藤峡闹乱瑶民，竟然被阳明如此轻而易举地平定了。阳明这次出征消除了社会的不安定因素，为西南边陲百姓创造了宁静的生活环境。

消息传到朝廷，朝野上下都惊异无比，谁都没有想到阳明平田州、思恩和断藤峡、八寨的两次行动都出乎意料地顺利。朝廷原先让阳明总督四省军务，是要他对田州、思恩用兵"围剿"，没想到阳明却用了"安抚"之道；而断藤峡、八寨扰乱百年之久，朝廷对这两个地方的用兵早已没有信心，只是希望阳明能极力进行"安抚"，没想到他却用了"围剿"之计。最让人惊讶的是，无论是安抚还是围剿，阳明都没有额外调动一兵一卒，也没有向朝廷索要一分一毫的军饷。这在明朝上百年历史中又是一件闻所未闻的稀罕事。

虽然首辅杨一清、新任吏部尚书桂萼和当初力荐阳明出山的张璁等几位实权派人物都相信广西的事情是真的，但出于各自的打算，他们的表现都不相同。唯有张璁赞叹"我今日才知道王公是没有人比得上的"，而杨一清和桂萼都决心要封住阳明进京面圣的道路，张璁既不愿得罪这两位权臣，自然也就睁一只眼闭一只眼了。

然而杨一清和桂萼对阳明功高盖世的嫉恨和担忧都是多余的，因为这时候，阳明的病体已经被折腾得更不成样子了。九月初八，阳明在广州迎接了朝廷为嘉奖他派出的使者冯恩。朝廷让阳明在广州受嘉奖，说明对他在广西取得的功劳根本就装作视而不见。不过，这对嘉靖五年的新进士冯恩来说，真是一个难得的机缘。他是王学的信徒，又极具个性，有一股舍身赴义的气概，后来甚至得了"四铁御史"的雅号。所以，一宣布完朝廷的旨意，冯恩便立即要求入王门，并得遂所愿，成了阳明的关门弟子。

十月，王阳明旧病剧发，医药难施，而之前一再向皇帝上奏章陈述自己病情加剧、恳企返乡治病、另派官员接任却同样一再批复"知道了"了事。十月初十日，阳明给皇帝写了此生最后一道奏疏《乞恩暂容回籍就医养病疏》：

> 臣自往年承乏南赣，为炎毒所中，遂患咳嗽之疾，岁益滋甚。其后退伏林野，虽得稍就清凉，亲近医药，而病亦终不能止。但遇暑热，辄复大作。去岁奉命入广，与旧医偕行，未及中途，而医者先以水土不服，辞疾归去。是后，既不敢轻用医药，而风气益南，炎毒益甚。今又加以遍身肿毒，喘嗽昼夜不息，心恶饮食，每日强吞粥数匙，稍多辄又呕吐。……惟陛下鉴臣一念报主之诚，固非苟为避难以自偷安，能悯其濒危垂绝不得已之至情，容臣得暂回原籍就医调治，幸存余息，鞠躬尽瘁，以报陛下，尚有日也。"

然而又是一月过去，京城仍无任何有消息的迹象。十一月中，阳明觉得咳嗽稍微好了一些，但两脚却无法站立。他担心再拖下去咳嗽又会加重，便不等朝廷的批复，径自启程北归。广东布政使王大用是守仁的学生，他亲自用船将老师送到南雄，然后又护送老师弃舟登陆，叫人抬着翻越粤赣交界的梅岭关，前往南安府。南安府推官周积也是守仁的弟子，他也为老师早早安排好了船只，并陪同北上。船行没几天，于二十八日晚停泊在青龙铺（今江西省大余市青龙镇赤江村章江河）码头。嘉靖七年（1528年）农历十一月二十九日辰时，阳明醒来叫进周积等人，费了很大的劲才睁开眼睛，缓缓吐出"吾去矣"三个字。周积伏而泣问："老师还有什么想说的?"阳明努力微笑，说了最后八个字:"此心光明，亦复何言?"随即，溘然长逝，一代伟人就此停止了他的思想。

德功言不朽者王阳明

王阳明逝世的消息一传出，南安、赣州、吉安、南昌等地，百姓遮道，哭声震天。学生张思聪，在赣州担任兵备道，闻听噩耗，急忙追到青龙铺码头，把王阳明尸体迎入南野驿，于中堂上给王阳明沐浴、袭殓。正当他要去备办棺木时，堂外王大用已经送来一口上好木材的棺木。原来王大用在送别老师后，为防备不测，偷偷地预备下棺木，暗中跟随在王阳明坐船的后面。因学术观点相左而与阳明有芥蒂的退休大学士费宏、礼部尚书汪俊等惊闻讣告，赶忙到贵溪迎候灵柩。当灵柩运抵南昌，刚离开绍兴、正在趋京赴殿试途中的王阳明的学生钱德洪、王畿闻先生死讯，也急转道南下趋南昌迎丧，并主持丧事。不少友人和弟子从广西、广东、江西等地赶来，一起将阳明的灵柩护送到绍兴。十一月，阳明长眠于兰亭乡洪溪。

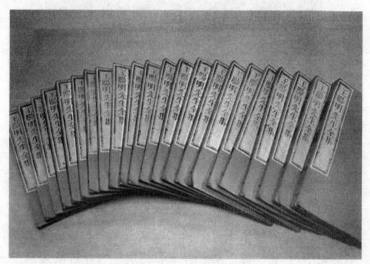

王阳明全集书影

对于王阳明，史后多有至高的评价，《明史》说他："终明之世，文臣用兵制胜，未有如守仁者"，恰到好处地点出了他作为一代儒将的居功至伟；阳明先生的同乡、明末清初启蒙思想家黄宗羲称他"可谓震霆启寐，烈耀破迷，自孔孟以来，未有若此深切著明者也"，从思想启蒙的角度对他进行了高度概括；史学家、文学家张岱称"阳明先生创良知之说，为暗室一炬"，以暗室一炬来形容他思想的光辉足以烛照当时历史社会；清初学者魏禧说"阳明先生以道德之事功，

王阳明像

为三百年一人"，清代著名学者王士祯说"王文成公为明第一流人物，立德、立功、立言，皆居绝顶"，此"德、功、言三居绝顶"的评价成为至今人们评论王阳明时最常用的一个相对较为全面和中肯的定位；著名哲学家张岱年的评价是："王阳明是中国历史上罕见的全才，不但在学术上有重要建树，而且在事功上也有显赫的成就"；历史学家吴雁南说："阳明学作为中国儒学最后一个高峰和近代启蒙思想的先导，虽然在清代前期已基本终结，但它的影响力在某种意义上说是超越时空的。作为阳明学奠基人的王阳明对中国和世界的影响亦是如此。随着时间的推移，他必将为越来越多的国家和地区的人们所瞩目"；上世纪我国史学大师钱穆在他的著作《王守仁》中，说他是明代学者的重镇、宋明理学的高峰，说

"阳明以不世出之天姿，演畅此愚夫愚妇与知与能的真理，其自身之道德、功业、文章均已冠绝当代，卓立千古，而所至又汲汲以聚徒讲学为性命，若饥渴之不能一刻耐，故其学风淹被之广，渐渍之深，在宋明学者中，乃莫与伦比。"他还把王阳明的《传习录》归为七本"中国人所必读的书"之一；郭沫若在他的《王阳明礼赞》中评价"王阳明对于教育方面也有他独到的主张，而他的主张与近代进步的教育学说每多一致。"

不仅在中国，国外尤其是日本对王阳明的学说也奉为圭臬。阳明学一度被奉为"显学"，对日本的革新运动起过重大的推动作用，以至成为明治维新的重要精神武器。日本学者高濑武次郎在《日本之阳明学》中说："我邦阳明学之特色，在其有活动的事业家，乃至维新诸豪杰震天动地之伟业，殆无一不由于王学所赐予。"

在日俄战争中击败俄国海军的日本海军大将东乡平八郎，在随身携带的一颗印章上刻着"一生低首拜阳明"七字。章太炎也认为"日本维新，亦由王学为其先导。"阳明学在日本的影响，至今仍很深广。

王阳明一生中写过许多文章，被收入《古文观止》作范文的有三篇，其中有两篇是在贵州所作。一篇是千古不磨的《瘗旅文》，激情所致，一气呵成，哀吏目客死他乡的悲凉，叹自己落魄龙场之不幸，抒发忧郁愤懑之情怀，如哭如诉，句句是泪，字字是血，读后莫不黯然垂泪。另一篇是《象祠记》，这是受贵州宣慰司宣慰使安贵荣之托而写的，阐述了"天下无不可化之人"的哲理，萌发出"致良知"的思想。

第二章　王阳明早期思想波动

新婚参道

弘治元年（1488年），阳明从北京回余姚老家与诸家联姻。岳父名叫诸养和，跟王华是同乡好友，堪称"金石相契"的至交，时任江西布政司参议。现在有很多人误会诸养和跟王华是亲戚，认为阳明娶的是族中表妹，其实有误。持这种观点的人认为，阳明把诸养和称为"外舅"，以为是舅舅的称谓，而事实是这只是对岳父的一种称呼而已。在阳明还是个嬉笑无方的小孩时，诸介庵在吏部。他主会试那一年，到王家串门，非常赏识活泼的小阳明，慨然允诺将女儿许配给他。不过诸养和对未来女婿的确是非常满意的。不仅因为阳明本人聪明绝伦、胸怀大志的名声，以及早为诸府上下熟知的五岁改名才说活、十一岁诵诗惊四座、十五岁单骑逐胡儿的种种轶闻传说，而且亲家公现在北京翰林院任职当经筵讲官，陪着皇帝读书，将来入阁拜相也是预料之中的事情。更何况，王家礼仪周到，让阳明千里迎亲，并由岳父母主持大婚庆典，可见诸府上下的颜面是何等荣光了。

可是，王阳明虽说当时虚岁已经17，可实足年龄才不过15岁零9个月而已。哪里知道迎亲婚宴的诸多礼仪规矩。大典那天，见诸府阖府上下忙碌成一团，自己又帮不上什么，索性就外出散心去了。信步走来，不知不觉间竟到了一处叫"铁柱宫"的道观。

铁柱宫又名妙济万寿宫，在现今南昌市翠花街西。始建于晋，为的是祀尊净明道派祖师许逊。许逊（239—374年），字敬之，南昌人，东晋道士，开创了净明道派。他赋性聪颖，博通经史、天文、地理、医学、阴阳五行学说，尤其爱好

万寿宫

道家修炼法术。二十岁举为孝廉，屡荐不就。二十九岁拜西安（今修水）大洞君吴猛学道，尽得秘传。三十六岁时与文学家郭璞结伴遍访名山胜地，最后选择南昌西郊的逍遥山（今新建西山乡）隐居，只求修炼，不愿为仕。直至西晋太康元年（280年）四十二岁时，因朝廷屡加礼命，难于推辞，才前往四川就任旌阳县令。

许逊治旌阳，实行了许多利国济民的措施。有一年，旌阳大水为患，田地颗粒无收，许逊让大批农民到官府田里耕种，以工代税，使灾民获得解救。当时瘟疫流行，许逊便用自己学得的药方救治，药到病除，百姓感激涕零，敬如父母。他在旌阳十年，居官清廉，政绩卓著，被人们亲切称为"许旌阳"。太熙元年（290年），鉴于晋室将有大乱，料知国事不可逆转，许逊便挂冠东归。时值彭蠡湖（今鄱阳湖）水灾连年，他率郡民疏治，足迹踏遍湖区各地，赢得人们的广泛尊崇，被编成神话故事广为流传其中一个传说版本是，许逊领导百姓与洪水作斗争，力斩兴风作浪的蛟龙，消除了水患。为了不使蛟龙复出为害，许逊在蛟龙的出入口，也就是翠花街西的一口深井处，铸铁为柱，用以镇压。这里后来就建成了铁柱观。传说许逊活到一百三十六岁，于东晋宁康二年（374年）八月初一日合家四十二人一齐拔宅飞天成仙，连同他们家里的鸡和狗，也就是后来成语"鸡犬升天"的由来。

王阳明来到观中，其时香客早已散去，宫内空空荡荡、寂静肃穆。后来他在侧殿见到一位道人，眉毛深长，满头白发，正在盘膝静坐。阳明上前作礼，并问道："求道者是哪里人？"道人应道："四川人，因访友而到此。"阳明又问他多少岁了？答道："已九十六岁。"再问姓名，回答："自小出外云游学道，不知自己姓名，平时大家见我经常在静坐，就叫我'无为道者'。"

阳明见道人精神健旺，声如洪钟，猜想是一位得道的长者，于是向他请教养生之道，道人告诉他："养生的要诀，最重要的就是一个'静'字。"王守仁若有所悟，于是留下来与道人闭目对坐，一动也不动，就像两根枯木，也不知时间渐渐过去。而此时，诸府正准备结婚大典，却猛然间发现新郎倌不见了，顿时四处乱作一团。岳父诸养和即刻派出许多官署中的衙役到处去寻找，仍然一无所获。一直到第二天大清早，阳明自己告辞道人回家来才有个结果。

新婚之夜，遍寻不着人影，让新娘独守空闺不说，更重要的是，婚庆大典各族亲朋、各众要人全都在等候新郎，"新娘被拒"的消息像一阵风似的，致使人们对新娘产生某种误会，这对一个刚出阁的姑娘来说是最致命的。为了弥补这洞房之夜的疏忽，重情重义的王阳明，歉疚了一辈子。这或许是后来人们常对阳明一生惧内的说法普遍确信不疑的重要根源。因为诸氏一生未有生育，但阳明却始终不肯纳妾，对她是情深义重至极。这一夜疏忽造成的愧疚我们还可以从阳明写给岳父的祭文中窥见一斑。弘治八年（1495 年）四月，诸养和因病去世，阳明在祭文中说："我实负公，生有余愧；天长地久，其恨曷既。"

阳明婚后暂住在岳父家中，岳父也是进士出身，成化时曾为会试考官，所以官署中笔墨纸砚，俱为上品。于是，阳明就每天取来练习书法。他练字和别人不同，看得多，想得多，写得反而少。不见他整天临池，几天下来，书法却大有长进。

有想讨好新姑爷的清客便来请教书法之道，阳明也不客气，侃侃而谈：最初我练字，都临摹古人的碑帖，但如此只能学到古人的字形，却没有自己的情感在里面。后来就不再轻易落笔，心中仔细思索整个字，有把握一气呵成之后才下笔，渐渐地才懂得了书法的重点。前代大儒程明道说"我写字的时候非常专一，并不是要字好，只是学道之人借此锻炼自己的专一罢了"！然而既不要字好，那学的又是什么呢？单是"不要字好"这一个念头留在心中，就已经是不专了。

这些奇异的高论，让诸府中人对他更为刮目相看。也正是从青年时代对书法的这种不凡见地和持之以恒地创作，使阳明成为明朝著名的书法大家。

京师格竹

弘治五年（1492 年），王阳明乡试中举后便来到京城寓居父亲府邸，准备第二年的会试。这段时间，也恰恰是"宋儒格物之学"大为兴盛并被广为顶礼膜拜的时期。自从在广信拜谒娄谅之后，阳明早就开始对宋儒的格物理论产生了兴趣，并自以为得到了学为圣人的途径。准备应试的那段时间里，他又举课之外博取经史子诸书读之，所以对朱子理学成圣人之道，自觉已深谙几分道理。阳明即将赴考的会试，考的恰好就是经义，也就是朱子的格物之学。于是，以阳明为主人公的儒家发展史上一个看似微小实则重大的事件发生了。

年谱中是这样记载这件事的：

> 一日思先儒谓"众物必有表里精粗，一草一木，皆涵至理"，官署中多竹，即取竹格之；沉思其理不得，遂遇疾。先生自委圣贤有分，乃随世就辞章之学。

此即在儒学发展史上为后人津津乐道的"阳明格竹"。在今人整理的《阳明先生遗言录》中，记载的内容大同小异，最大的出入在于年龄：

> "某十五、六岁时，便有志圣人之道，但于先儒格致之说若无所入，一向姑放下了。一日寓书斋，对数筵竹，要去格他理之所以然。茫然无可得；遂深思数日，卒遇危疾，几至不起，乃疑圣人之道恐非吾分所及，且随时去学科举之业。既后心不自已，略要起思，旧病又发。"

阳明格竹到底发生在少年时期还是青年时期，到底是一时的冲动还是理性的思索，这对于我们现在研究阳明心学的萌芽时期还是具有一定意义的。陈来先生在他的《有无之境》中认为："阳明在 1490—1493 年只当在余姚随父守丧，断不可能在 1492 年（壬子）'随父寓京师'而格官署之竹。且年谱既已明言'壬子二十一岁在越'，则又岂能在京师官署中格竹？此可证实，年谱所谓'先生始侍龙山公于京师'，乃指壬子以前事也。"而陈清春先生分析认为，陈来先生在年份考据上存在失误，因为明朝守丧切实时间为 27 个月，并非完整意义上的三年，这有阳明嘉靖初年居父丧的时间正是二十七个月为证。所以，从 1490 年正月王伦去世，到 1492 年春夏之交，王华便已经服阕，就没有必要再延至 1493 年了。因此，阳明格物事件的确是发生在阳明 21 岁的时候。

在宋明理学中，圣人之道和为圣之方是圣人之学不可分割的两个根本性问题，它们在一个成熟的儒家哲学体系中相互依靠，相互成就，构成一个以成就圣人品格为最高目的的包括宇宙论、生存论及方法论在内的有机的理论整体。

朱子格物之说见《大学章句》中的补传：

> 所谓致知在格物者，言欲致吾之知，在即物而穷其理也。盖人心之灵，莫不有知，而天下之物，莫不有理，惟于理有未穷，故其知有不尽也。是以大学始教，必使学者即凡天下之物莫不因其已知之理而益穷之，以求至乎其极，至于用力之久而一旦豁然贯通焉，则众物之表里精粗无不到，而吾心之全体大用无不明矣。"

格物的内容主要包括"即物、穷理、至极、贯通"四个方面和步骤，是知识论取向的成圣方法论。王阳明在格竹后，回顾道："众人只说格物要依晦翁，何曾把他的说去用？我着实曾用来。初年与钱友同论做圣贤，要格天下之物，如今安得这等大的力量？因指亭前竹子，令去格看。钱子早夜去穷格竹子的道理，竭其心思，至于三日，便致劳神成疾。当初说他这是精力不足，某因自去穷格，早夜不得其理，到七日，亦以劳思致疾，相与叹至贤是做不得的，无他大力量去格物了。"也就是说经受了这次打击，阳明甚至对自己能否做得成圣贤开始有些怀疑。他认为这贤圣大概要有缘分，不是人人都可以做得。自己或受缘分所限，故想不通格物之理。既然做不了圣贤，那就不做吧。

陈清春先生在分析王阳明格竹之所以失败的原因时，认为王阳明格竹目的是为了求索朱子格物论，但正是因为他十分深刻地领会了朱子格物论的精髓，十分准确地触及到朱子理本论的理论内核，才最终导致格竹失败。

朱熹认为凡天下之物大至天地鬼神、人伦日用，小至一草一木皆有所以然之故和所当然之则的至理，格物就是即天下之物而穷其所以然与所当然的天理。王阳明根据这一理论，只取至微至贱的竹子来格，以求其理之所以然。但是竹子的生、长、枯以及水土地宜采伐制用等，都是实然之理，是自然科学方面的知识，根本没有什么朱熹所谓的形而上的天理。这也充分暴露了朱子格物论的科学主义倾向导致的道德实践论困境。王阳明不满足于做一个博才多识的学者，他真诚地渴望用格物的方法实现他成圣贤的愿望，因此必然遭受失败。

格物实践的失败使阳明彻底放弃了朱子学道路，后又经过出入佛老、归本周程的心路历程，在生存境界的体认和成圣方法的探索方面获得了巨大的成就，但由于没能解决哲学理论的根本问题，他对终极存在的熟悉还停留在朱子理本论的阶段，对人生的终极意义还没有真正领悟，因此"圣人之道"的问题仍是个有待继续追问的问题。

龙泉诗社

或许是格竹失败导致生病的原因，弘治六年（1493 年）的会试，阳明竟然落了榜。而同时，王华二十七个月的守制期已满，由翰林院修撰升迁为右春坊右谕德。一面是父亲升官，一面是儿子落第，朝廷中的同僚，出于各种各样的原因，都前往王家聊表慰问。

宰相李西涯跟阳明半开玩笑半劝慰地说："你今岁不第，来科必为状元，试作来科状元赋。"其他人也跟着一起起哄。阳明一时兴起，也不推辞，展纸提笔，一挥而就。老一辈官僚们都大为惊讶，连连叹道："天才！天才！"然而，龙泉出了门，背后就有人私下嘀咕说："此子目中无人，若果取上第，恐怕连我辈也不放在他眼里了。"转眼又到下次会试的时间,也即弘治九年(1496年),没想到阳明又名落孙山。这事被后人所撰年谱时写成"果为忌者所抑",也就是被三年前那篇状元赋所连累。

虽然会试接连失败,但阳明的心态却出奇地坦然。同行的一位举子也是两科未中,不禁灰心丧气,觉得无颜见江东父老,又对阳明的无动于衷感到不解。阳明笑道:"世人以不得第为耻,我以不得第动心为耻。"一句话把对方说得无地自容,不得不打心眼里佩服他。

会试落第后,王阳明又回了一趟故里,会同几位好友,在父亲曾经读过书的龙泉山寺组织了一个诗社,每日里登高望远,吟诗作赋,好不潇洒惬意。结诗社文会是明代文人的一大特色,尽管阳明的龙泉山诗社在明人社团史上不足挂齿,但毕竟还是作为诗人的王阳明的一片自我天地。

诗社期间,阳明曾创作过的诗文没有具体翔实的记载,现今流传的《王阳明全集》中也不好判断是哪些,只能根据内容稍作推测。如《次韵毕方伯写怀之作》:

> 颜心迹皋夔业,落落乾坤无古今。
> 公自平王怀真气,谁能晚节负初心?
> 情老去惊犹在,此乐年来不费寻。
> 矮屋低头真局促,且从峰顶一高吟。

看那最后一句还正是落第举子的心声。再如《次魏五松荷亭晚兴》:

> 座松阴尽日清,当轩野鹤复时鸣。
> 风光于我能留意,世味酣人未解醒。
> 拟心神窥物外,休将姓字重乡评。
> 飞腾岂必皆伊吕,归去山田亦可耕。

这一首与上一首有异曲同工之妙。况且,从全集来看,次某公韵的作品相对较多,看起来也似乎是在结龙泉诗社时期所作。

还有件事是龙泉诗社期间有所记载的。同乡原布政使名叫魏瀚，与王华是莫逆之交，同时也是王伦诗社中的文友，他的儿子魏朝端则和阳明是同年举人，故而两家关系十分密切。魏老爷子听说阳明等一帮年轻人也学爷爷的样在结诗社，不禁技痒难耐，每次都准时参加，与年轻人斗技。可惜的是，每次对句联诗，他总赢不了阳明。最后，魏瀚不得不心悦诚服地说："后生可畏，老夫当退数舍。"尽管如此，王阳明还始终把"学文"之事称为"余事"，显然，他并未真正忘怀成圣成贤这个总纲。

在老家一呆又是两年多，后来，阳明因为要赶赴弘治九年（1496年）的第二次会试，就提前于弘治八年（1495年）秋冬间回抵北京。二度落榜后，他依旧沉醉在京师的文化魅力中，于是就寓居在京。

弘治十年（1497年），"套虏"频频深入明朝境内劫掠。朝廷每次调兵遣将，总是遑急被动，既无解决边患的谋划，又无优秀的将才可供派遣。阳明看在眼里，焦虑在心里，既忧时天下无杰出将领可领兵打仗一二，又恨自己仅仅一个举人的身份，不能措一词、出一策。焦虑之余，阳明便千方百计寻求兵书、钻研阵法。每次宴客，则将杯盘碗盏、橘皮果核等排成阵势，进行桌宴排兵布阵。理解他的，认为他胸怀大意，文武之志齐头并进，不理解的，还以为他是痴狂疯癫：一个26岁的举人"老爷"在宾客面前做这种游戏，成何体统？

弘治十一年（1498年），距格竹子失败已六年，虽然之前阳明曾"自委圣贤有分"，但那只是一时的沮丧话，凭他自己的心性为人，只要他人还在，成圣成贤之心就不死，即使不能成圣，成雄也可以。于是，在他的哲学思想发展历程中，又发生了一件比较重大的事情。年谱中如斯记载：

先生自念辞章艺能不足以通至道，求师友于天下又不数遇，心持惶惑。一日读晦翁上宋光宗疏，有曰："居敬持志，为读书之本；循序致精，为读书之法。"乃悔前日探讨虽博，而未尝循序以致精，宜无所得。又循其序，思得渐渍洽浃，然物理吾心终若判而为二也。沉郁既久，旧疾复作，益委圣贤有分。偶闻道士谈养生，遂有遗世入山之意。

这里说的就是王阳明读书循序致精之法研习失败，转而谈起了养生。朱熹说的读书之本与读书之法的一番话，阳明不一定是在这时才第一次读到，但能够读到此便切入"我心"的，得肯定是经过了一番历练后才能够的。关于这次揣摩"循序致精"的详细史料我们现在不得而知，但我们可以猜想，这次所下的工夫肯定不止七天。我们只能遗憾，27岁的王阳明功力尚浅，还不足以掀翻程朱理学这面硕大无边的文化罗网。

初登政坛

弘治十二年（1499年）王阳明考取会试第二名、殿试第十名后，被任去工部观政。观政，相当于见习，承担一些具体的细碎的公务，以锻炼处理行政事务的能力，一年后才根据能力大小正式授职。工部主要是负责都邑建设、治漕总河、铁厂织造、屯田铸钱、植树造林等等的总衙门，对想发财的人来说是肥缺美差，从历朝历代工部的人都是最富有的这一点上便可以看出。可这对王阳明来说，钱不但毫无用处也毫不在意，作为一个殿试名列第十、年纪仅为28的有为有志青年，失去在更为重要的直接参与国家大事的吏部、户部、兵部的工作机会，更让他备受煎熬。

在这种有力无处使的窘境中，又再次传来"套虏猖獗"的警报，阳明再也按捺不住。他挥毫疾书，呈上了自己有生以来第一份也是自认为早就该上的奏疏——《陈言边务疏》。

奏疏的开头先对皇上"遇灾能警，临事而惧之盛心"表示感动，因为皇帝这样做是以天下为重的最有诚意的表现。然后就说了一通"假如我是宰相"的假设性文字，显示了阳明的政治艺术。之后才切中要害，直陈"边务"这最让皇帝头痛的事情。阳明从边务不振导致内务腐败这个关系展开他的宏论：

> 臣愚以为今之大患，在于为大臣者外托慎重老成之名，而内为固禄希宠之计；为左右者（主要指内官）内挟交蟠蔽壅之资，而外肆招权纳贿之恶。

习以成俗，互相为奸。忧世者，谓之狂；进言者，谓之浮躁。沮抑正大刚直之气，而养成怯懦因循之风。故其衰耗颓塌，将至于不可支持而不自觉。

分析完问题后，阳明又对边务提出了八项建议：一、蓄材以备急，二、舍短以用长，三、简师以省费，四、屯田以足食，五、行法以振威，六、敷恩以激怒，七、捐小以全大；八、严守以乘弊。每一项都是先陈旧弊，然后提出解决办法。可以看出，针对这个问题，他已经做足了周全缜密的思考与破解。比如第一条蓄材以备急，阳明就认为，本朝继承元朝旧制，军官世袭，但汉人和蒙古人的习性不同，蒙古人以尚武为荣，汉人却以崇文为高。所以军官世袭，在元朝可以，本朝沿用，却导致军官素质极差。虽然辅之以武举；所选也不过是骑射搏击之士，而将才极为缺乏。筹划边务、负责决策的大学士们，都是些由进士到翰林、由翰林到内阁的秀才，并不懂军务，甚至边境也没去过；负责调兵遣将的兵部尚书、侍郎等，也都是进士出身，经过长期的升迁除授，来到兵部，对军务未必内行。因此，阳明提出，对世袭军官必须加强军事教育和实践训练，选拔武举必须加试兵法韬略，并让二者进行竞争，培养选拔出既懂兵法又有实践经验、既有武技又能指挥千军万马的将帅之才。他建议，兵部官员自尚书以下，必须更迭巡边，以熟悉边务敌情，一旦有事，方可从容应付。

但是，意见归意见，建议归建议，只有采纳了才能转化为现实。阳明提出的这些看法，在他之前和之后，或多或少都有人在不断地重提，一直到慈禧太后西狩西安后也这样说。但军官世袭制不可能完全废除，因此这个问题就无法从根本上得以解决。不过观政工部而上边务书，是他根本就不想按部就班一步一步往上爬的一次努力。

这年秋天，阳明承接了督造威宁伯王越坟墓的差事。王越是明中期著名将领，成化年间，以都御史提督军务，两次领兵深入河套、袭击"套虏"，创造了自永乐以来明军对蒙古最为成功的战例，被封为威宁伯，成为明朝开国以来第二位以军功封爵的文臣。阳明在还没有进士及第时，就曾做过一个梦，梦中王越把他自己所佩戴的威宁剑赠送给了阳明。而现在，竟然又让他去督造威宁伯墓，作为一直崇尚武功的阳明，能亲手督造自己崇拜的前辈的坟冢，不能不说是个巧合。

王阳明书法

那个时代政治已趋于全面腐败，官场贪污成风，修坟造墓都成了向死者家属敲诈勒索的大好时机。但阳明不仅对家属秋毫无犯，而且还将朝廷有限的经费精打细算。更难能可贵的是，他把督导大批劳力进退守据作为演练阵法的大好机会。

"驭役夫以什伍法，休食以时，暇即驱演'八阵图'。"真可谓无处不是练兵场，无暇不是练兵时。工程竣工后，威宁伯墓修建得气势宏伟。王越家属为答谢王阳明，先是以金帛酬谢，被王阳明婉言谢绝了；接着又拿出威宁伯所佩宝剑相赠，恰好与梦中情景相符，这让王阳明大为激动，于是慨然收下。那一刻，王阳明大概是坚信，自己将来肯定会大有一番作为的吧。

访九华山

弘治十四年（1501年），王阳明完成江北录囚工作后，因仰慕九华山名胜，便与两位学生冒雨上山。他从池州府郡而来，途经五溪、望华亭、二圣殿进山，在无相寺、天池庵住了一阵，对附近的双峰、云门、天池、金沙泉等处风景皆留有诗文，仅无相寺独有九首之多。其中之一云：

> 春宵卧无相，月照五溪花。
> 掬水洗双眼，披云看九华。
> 岩头金佛国，树梢谪仙家。
> 仿佛闻笙鹤，青天落绛霞。

接着，他沿着羊肠小道进山涉险寻幽，探奇览胜，畅游了化城寺、太白书堂，观赏了东岩、天台等处奇景，访问了柯秀才等名人隐士，写下了十八篇歌颂九华山的诗文。其中一篇《九华山赋》，王阳明自己都甚觉满意。

> 循长江而南下，指青阳以幽讨。
> 启鸿朦之神秀，发九华之天巧。
> 非效灵于坤轴，孰构奇于玄造。
> 涉五溪而径入，宿无相之窈窕。
> 访王生于邃谷，淘金沙之清潦。
> 凌风雨乎半霄，登望江而远眺。
> 步千仞之苍壁，俯龙池于深窅。
> 吊谪仙之遗迹，跻化城之缥缈。
> ……

可见，王阳明这一次进山可谓"心旷神怡"！

不过饱览大好河山仅仅是他的副业而已，其主要目的还是会一会高僧名道。阳明自己也觉得似乎一辈子都跟僧道牵绊在一起了：出生时有仙人送子；五岁时有和尚改名才能说话；读书时也有相士点拨等等等等，所以这次他听闻有位叫"蔡蓬头"的道人为江湖奇异之士，"善谈仙"，便打定主意一定要寻访到。

阳明先在前厅以贵客之礼接待"蔡蓬头",然后请他传授养生长寿之道,那道士却只说:"尚未。"阳明想了想,以为是还没到说话的时机,便屏退左右,并将"蔡蓬头"引至后亭,再度请教,道士还是俩字"尚未"。这下,阳明有点弄不明白了,于是只得再三恳求,请道长指点。"蔡蓬头"无奈,终于说道"汝后堂后亭礼虽隆,终不忘官相。"说完,一笑而别。言下之意,你千里来访,诚意可见。但长寿养生之道、立地成仙之术,都是闲云野鹤、与世无争之人所为。你胸怀大志,欲济众生,便不该心有旁骛。应当力求为圣之道,何必汲汲于小技,而耽误远大前程? 没想到,阳明虽有得道成仙的"底子",但太想当官,太想为民命、太想为朝廷出力,这样一个聪明的傻瓜比单纯的傻瓜要难渡化得多了。

道士一番话,似有理似无理,但阳明还是不甘心。他听说地藏洞中还有一位异人,足不出洞,坐不设榻,卧不铺席,食不举火。于是攀绝壁、走险峰,好不容易才找到他。进得洞去,果见一人熟睡于石板之上。他正装着熟睡,以试验来者的道行。阳明也知道其中蹊跷,便坐在他旁边,摸他的脚。道士觉得他为人正直正气,便只好"醒"了,故作惊讶地问道:"山路崎岖险峻,你如何到得此地?"阳明说一心想要讨教怎样修炼修身养性最上乘功夫的方法。那人却答非所问,大谈为圣为贤之道,并说"周濂溪(敦颐),程明道(周敦颐弟子),是儒家两个好秀才。"

说罢,便又倒头假寐,把还在一头雾水中的阳明撂在一边。阳明虽然没有达到原来的目的,但自此便暗暗觉得周敦颐和程明道两人该让自己向他们好好学一学了。

炼导引术

弘治十五年(1502年),阳明回京复命,适逢京城之中流行诗文复古运动,这恰恰背离了王阳明为诗作文的初衷。他的弟子王畿后来记录这件事时说:

弘(治)正(德)间,京师倡为辞章之学,李(梦阳)、何(景明)擅其宗，先师（阳明）更相倡和。既而弃去，社中相与惜之。先师笑曰："使学如韩、柳，不过为文人，辞如李、杜，不过为诗人，果有志于心性之学，以颜、闵为期，非第一德业乎？"

可以看出，这个时候，王阳明似乎对现实、对文学、对程朱理学都有失望之感。于是，在这年八月，他上疏请奏回乡。理由是一来江北录囚，劳累过度，致使旧病复发；二来父亲在京师任职，奶奶岑氏已年逾八十，需要赡养照顾。这两个理由很都有杀伤力，告假书很快就批了下来。

但是阳明的确身体抱恙。之前就因追随朱熹格朱子生了一场大病，后来还吐过血。按常规来论，过分劳累要得肺结核，治疗不及时就会吐血。可以想见，王阳明很年轻时就得了肺病。而这次回余姚老家，就可以抛开一切繁琐杂冗的事务，在养病的同时，好好思考一下未来的人生规划，毕竟孔子说"三十而立"，而他如今已 31 岁了。到底是出入佛老、养生长寿呢，是学李杜文章、酣畅辞章呢，还是效法孔孟、超凡入圣呢？当年曾经自我提问的"天下第一等事"究竟是什么呢？辞章之学是虚文；兵学虽是有用之学却无用武之地，自己也不去考什么武进士；攻朱子之学却落得个"益委圣贤有分"。年谱中说的 27 岁那年"偶闻道士谈养生，遂有遗世入山之意"，大概也是出于四处求索而不得的尴尬境遇而不得不做出的选择吧。

为此，现如今回到老家，他就想要找寻一个比较清净的，既利于养生的，又利于凝神静思思考人生哲学命题的地方。后来终于在余姚郊外找到了。那是一个向阳山坡上的石洞，僻静幽雅，风景秀丽，人迹罕至。于是，阳明命仆人将石洞整理一番，搬来书籍铺盖，就在洞中住下了。因为每到中午，阳光投射，直把这洞映照得辉煌灿灿，甚是清朗，所以，阳明便把这洞取了个名字叫"阳明洞"。事实上，一直到这个时候，阳明还只有自己的名字叫王守仁，表字叫"伯安"，却一直没有号。前人有苏轼曾躬耕于黄州东坡便以"东坡"为号，这次他既然得了阳明洞便以"阳明"为号，又称"阳明子"。

这段时间，阳明到处游玩，登高览胜，留诗不少。比如四首绝句，处处都洋溢着超脱、清新之意，愉悦兴奋之情跃然纸上：

其一

翠壁看无厌，山池坐益清。

深林落轻叶，不道是秋声。

其二

怪石有千窟，老松多半枝。

清风洒岩洞，是我再来时。

其三

人间酷暑避不得，清风都在深山中。

池边一坐即三日，忽见岩头碧树红。

其四

两到浮峰兴转剧，醉眠三日不知还。

眼前风景色色异，惟有人声似世间。

当然阳明在洞中的主要工作还是修炼导引之术。导引术属于道家中的务实派神仙家的功夫，以练习气功来保养身体。年谱中甚至记载了他在这期间"得到成仙"的异事：

一日坐洞中，友人王思舆等四人来访，方出五云门，先生（阳明）即命仆迎之，且历语其来迹。仆遇诸途，与语良合。众惊异，以为得道。久之悟曰："此簸弄精神，非道也。"又屏去。

这"簸弄精神"便是自己在这里耍了点小把戏，若非事前已经知道四人来访，自己哪里还真的能掐会算，是个半仙？既然自己可以用这套把戏轻而易举地糊弄人，那么同样，别人也可以用这套把戏来糊弄自己。所以，最后的结果是"屏去"。

既如此，弘治十六年（1503年），阳明便辞别家人，到杭州西湖养病去了。西湖果然是难得的人间胜景，阳明心境从几度郁闷中解脱出来，且看《西湖醉中漫书二首》

其一
十年尘海劳魂梦，此日重来眼倍情。
好景恨无苏老笔，乞归徒有贺公情。
白凫飞处青林晚，翠壁明边返照晴。
烂醉湖云宿湖寺，不知山月堕江城。

其二
掩映红妆莫谩猜，隔林知是藕花开。
共君醉卧不须到，自有香风拂面来。

更难得的是，当他往返在南屏山与虎跑泉，漫步在苏公堤与白公堤之间，竟又重新点燃起对人生的热爱来，慨然有志于天下、积极入世的心又激荡起来，"复思用世"。

有一天，他遇见了一位坐关三年、不语不视的老僧，竟然喝问他："你这和尚，终日口巴巴说甚么！终日眼睁睁看甚么！"这一喝，竟使有多年修为的僧人猛地睁开了双眼，还跟他对上了话。

阳明问道："你在此出家，家中可有亲人？"和尚回答说："有老母在。"阳明又问："可曾想念家中老母？"和尚沉吟了一会，低头作答："不能不想。"阳明一听，感慨道："人非草木，岂能无情？即便草木蝼蚁，在佛祖眼中，也都是一命。既是一命，便皆有情。佛说'四大皆空'，但人在世上，又哪里真能皆空？你在此不视不语，倒也自在；你母亲每天想儿念儿，可也自在？"和尚不及听完，早已泪流满面，立马起立，恭敬地答谢来客开窍之恩。等到第二天，阳明再跑去那里找那和尚，未曾想，他早已还俗回家去了。

上疏入狱

弘治十七年（1504 年），阳明回京师销假，正值每三年一次的乡试，山东巡按御史陆偁将阳明请到济南，聘为山东乡试主考官。"守仁得以部属来典试于兹土，虽非其人，宁不自庆其遭际！"以区区一刑部主事的身份来任主考，又是到夫子之乡来典试儒学生徒，阳明自然感到这是"平生之大幸"。乘此机会，阳明游览了泰山，并写下了《登泰山五首》，既有描写泰山风光的纵情之作，也有表达当时他的为政之志的，从中自我实现的意欲、跃马腾飞的冲动溢于言表。比如其一云：

> 泰山道，行行入烟霏。
> 阳光散岩壑，秋容淡相辉。
> 云梯挂青壁，仰见蛛丝微。
> 长风吹海色，飘遥送天衣。
> 峰顶动笙乐，青童两相依。
> 振衣将往从，凌云忽高飞。
> 挥手若相待，丹霞闪余晖。
> 凡躯无健羽，怅望未能归。

其五云：

> 我才不救时，匡扶志空大。
> 置我有无间，缓急非所赖。
> 孤坐万峰颠，嗒然遗下块，
> 已矣复何求？至精谅斯在。
> 淡泊非虚杳，洒脱无蒂芥。
> 世人闻予言，不笑即吁怪；

吾亦不强语，惟复笑相待。

鲁叟不可作，此意聊自快。

"我辈要救时"的心志从他为山东乡试所出的策试题也可见一斑，这些题目几乎全是关乎经世治用的。比如"议国朝礼乐之制""老佛害道，由于圣学不明""纲纪不振，由于名器太滥、用人太急、求效太速"，以及分封、清军、御夷、息讼等等，全与当下社会问题息息相关，就非常近似于今天国家公务员考试中的"申论"了。

特别值得一提的是首场八股文考试，阳明出的试题居然是"所谓大臣者以道事君不可则止"，这是绝对符合儒学原教旨而不对圣上心思的问题，在大一统家长制君主专制体制中，是相当犯忌讳的。阳明其实只是针对当时士人品节普遍滑坡的现实，重申"以道事君"的士人原则。另有一个题目也足见阳明心思："禹思天下有溺者由己溺之，也稷思天下有饥者由己饥之也"，这就跟宋代范仲淹的名句"先天下之忧而忧，后天下之乐而乐"的人生信条一脉相承。

乡试的成功使他从刑部云南司主事改任为兵部武选司主事。从刑部到兵部，名义上虽只说是"改任"，实际上是升迁。明代以吏、户、兵三部为上三部，各部尚书均为正二品官衔。刑部有十三司，兵部却只有四司，而武选司为兵部四司之首，掌天下卫所军官及士官的选授、升调、袭替、功赏之事，因此在兵部四司中居特殊地位。

成化、弘治年间，社会风气已经渐渐向"奢靡"过渡了。《明宪宗实录》中收录了一份当时的给事中丘浚上呈的一份奏折，里面写道："近来京城内外，风俗尚侈。不拘贵贱，概用织金宝石服饰；僭拟无度，一切酒席，皆用簇盘糖缠等物。上下仿效，习以成风，民之穷困，殆由于此。"当社会发生问题、出现弊端时，有识之士总是根据自己对问题和弊端的认识提出解决之道。阳明认为，如今社会问题层出不穷，主要还是在于人心不古这一症结，在于没有真正的好学问教育人们。于是，年仅34岁的阳明，便开始开门授徒了。就是在这过程中，阳明与湛若水的相遇无论如何成为他生命中、尤其是哲学发展历程中的一个重要事件，对于明代整个思想界的发展过程而言，也是一个至关重要的环节。

湛若水（1466—1560年），字符明，表字民泽，号甘泉，谥号文简，增城县沙贝村人。弘治五年中举人，两年后往江门求学于陈献章门下，几年间学业大进。弘治十二年（1499年），陈献章"江门钓台"作衣钵传与若水执掌，陈献章死后，若水为其服丧3年，最后在母亲和广州府金事徐弦的再三规劝下，终于于弘治十七年奉母命北上考试，立即受到祭酒章懋的器重和赏识，留读于南京国子监。弘治十八年（1505年）上北京参加会试，中进士，选翰林院庶吉士。考试一完，湛若水便去拜访王阳明，两人一见如故，相识恨晚，于是一言定交。阳明甚至连称"守仁从宦三十年，未见此人。"湛若水也是欣喜异常，逢人便说："若水泛观于四方，未见此人。"两人相惜相契，共以昌明圣人之学为事。

弘治十八年（1505年），太子继位，在"八虎"的引导下，贪玩的天性张扬得越来越离谱，军政大事荒芜得一塌糊涂。先是在宫中模仿街市的样子建了许多店铺，让太监扮作老板，百姓，自己则扮作富商，在其中取乐。后来又觉得不过瘾，竟模仿起了妓院，让许多宫女扮作粉头，皇帝挨家进去听曲、淫乐，搞得后宫乌烟瘴气。这让惯于用祖宗法度来约束少年皇帝的一众文武大臣内心惶急。以顾命大臣、内阁大学士刘健、谢迁和户部尚书韩文为首，一批忠肝义胆、刚正廉洁的文臣们，不顾身家性命，掀起了声势浩大的反对宦官参政的运动，联名上书请求严惩"八虎"。

然而老谋深算的刘瑾在皇帝面前声泪俱下地哭诉了一番，武宗原本就没有端平的天平很自然地全部倾向了宦官一拨人马。第二天，武宗惩治了首先进谏的大臣，谢迁、刘健以告老还乡相威胁，但被武宗欣然批准，同时，武宗还任命刘瑾为"司礼太监"，把持朝纲，统领内外，这无异是一次重大的宫廷政变。群臣无首，"八虎"取得了阶段性的胜利。

明朝的政治体制有一个不同于其他朝代的重要特点，就是它在京师北京之外还有一个留都南京，即实行南北两京制；而且，留都南京还几乎设置了全套中央机关。北京宦官专权的消息很快传到南京，正德元年（1506年）十一月，南京六科给事中几乎都站了出来，戴铣、李光翰、徐蕃、牧相、任惠、徐暹等人接连上章奏留两位顾命大臣。南京十三道御史薄彦徽、陆昆、蒋钦等15人，更连名上疏请屏八党，委任大臣，务学亲政，以还至治。而之前荒唐皇帝早就做出荒唐命令，此类事情自己一概不过问，而打发刘瑾替他全权发落，身在南京的官员们怎么知道还会有这一出，要不然怎么也不会这么明明白白地羊入虎口了。刘瑾哪能容得戴铣一干人等，看到奏章后，顿时大怒，以皇帝的名义命锦衣卫校尉前往南京，将戴铣等人拿解北京。在这一批人罹难解京之时，北京城里仅剩的几位权臣再也无法坐视了，连忙挺身而出解救，其中之一就有王阳明。但他不正面进攻，指斥刘瑾，为戴铣喊冤，而是采取了迂回作战的办法，上了一份《乞宥言官去权奸以彰圣德疏》。阳明因这一奏折而入狱，但反过来看，也因为这份奏折写得特别艺术，而没有被判下更惨酷的刑罚，较之戴铣被当场"杖毙"就幸运得多了。

这份奏折用现在的话来看是这样写的：

乞求赦免谏官要求除去权奸以彰明圣德疏

臣听说君主仁爱臣子就刚直。大舜之所以能够成为圣人，就是因为他能隐恶而扬善呀。

臣近日看见陛下因为南京户科给事中戴铣等人上疏直言时事，特敕令锦衣卫差派官校拿办，解赴京城。臣不知他们所言当理不当理，想其言辞间必有冒犯忌讳，以致上激雷霆之怒。但是戴铣等人官居谏议部司，以直言朝政为职责。他们所言如果是好的，自然应该褒扬而接纳施行；如果不好，也应该包容不论，以开忠贞正直的言路。可是而今赫然下令，远去拘捕，在陛下心里，不过稍示惩处，使其日后不敢轻率妄发议论，并不是真的恼怒，有意杜绝他们。而下面的小民无知，妄生疑虑和恐惧，臣实在为这事感到痛惜！

现今在朝之臣，莫不以此举为不当，然而又都不敢向陛下进言，岂是他们没有忧国爱君之心呢？是害怕陛下又以治罪戴铣等人的情况来治罪他们啊！如此进言不但无补于国事，而且足以增添陛下又一次失当之举啊！这样自此而后，虽有上关宗庙社稷可危可疑的不合体制的特大事端，陛下从哪里能够听得到呢？陛下聪明卓绝，如果思量到这一层，怎能不战栗恐惧！而况现今天时寒冻，万一差派去的官校羁禁过严，戴铣等人在路上或致丧失生机，遂抛尸沟壑，使陛下落得诛杀谏臣的坏名声，引起群臣纷纷的非议，那时陛下必将追怪身旁左右没有肯进言的人，那就晚了。

臣伏身切望陛下追收此前颁发的圣旨，使戴铣等人仍旧供职；扩充圣上大公无私的仁德，彰明圣上改过不惜的勇气；那么圣德必将传布远近，人民个个欢悦，岂不美哉！

臣又想到，君主，好比头脑；臣下，好比耳目手足。陛下要想不让耳目堵塞，不让手足麻痹，必然会怜爱它们而有所不忍。臣聊充于低微的官阶，越职进言实属有罪。伏身见到陛下明旨有"政事得失，允许诸多朝臣直言无隐"那一条，所以才敢冒死为陛下进一言。跪伏盼望垂赐宽免明察，微臣冒犯圣听，不胜战栗之至！

我们再看这篇奏章的时候，就该撇开标题，因为那是后人在辑录他的所有文稿时自己添上去的，而不是阳明自己拟定的标题。奏章写得娓娓入耳、阐理精细、论证严密，让人如沐春风。如果这奏章真到了正德皇帝手中，说不定还真能让他听进去。可惜的是，奏章实际上是写给刘瑾看的。为此，根据《明武宗实录》所记载，阳明还是获罪了三十大板，而根据年谱记载，为获罪四十大板。三十也好，四十也好，有两点是明确的，一是刘瑾下这样一个惩罚措施，不仅处于奏章本身没有对他本人进行攻击，而且还照顾到了阳明父亲王华的面子；二是廷杖没有对阳明造成肉体上的重大伤害，要知道有很多文官在廷杖二十后都一病不起的。

"以上疏忤逆瑾"而"下锦衣狱"的牢狱生活既漫长又短暂，从正德元年十二月开始，阳明在黑暗中度过了寒冷的冬天，而后一纸贬谪文书下达，他被贬贵州龙场驿去做驿丞。

在铁窗生涯中，阳明留下了《狱中诗十四首》，为我们了解思想家的心理活动提供了第一手资料。其第一首便是"不寐"：

> 天寒岁云暮，冰雪关河迥。
> 幽室魍魉生，不寐知夜永。
> 惊风起林木，骤若波浪汹。
> 我心良匪石，讵为戚欣动！

滔滔眼前事，逝者去相踵。

崖穷犹可陟，水深犹可泳。

焉知非日月，胡为乱予衷？

深谷自逶迤，烟霞日悠永。

匡时在贤达，归哉盍耕垅！

自己所处的世界是"幽室魍魉生"的无穷无尽的黑夜，"我心良匪石"怎么能不被这深悲大戚深深搅动？"滔滔眼前事，逝者去相踵。"人生如同一场戏啊，现在还真有点后悔重返仕途了！"匡时在贤达，归哉盍耕垅！"这个世界是"贤达"之人的，自己就不该搅和进来，现在倒好，想回家当个农夫，也找不到属于自己的地头了。字里行间透露出深深的悲凉和无助。

既然在狱中无事可做，阳明就读起《易经》来："囚居亦何事？省愆惧安饱。瞑坐玩《义易》，洗心见微奥。"偶尔也占个卜："《遁》四获我心，《蛊》上庸自保。"《经典释文》解此卦曰："隐退也，匿迹避时，奉身退隐之谓也。"不管怎样，他还是忘不了自己的现实处境："夜何其矣，靡星靡粲。岂无白日？寤寐永叹！"但更多的还是对家人的思念："忽惊岁暮还思乡"；"溪鹤洞猿尔无恙，春江归棹吾相将"；"月光如流水，徘徊照高堂"；"思家有泪仍多病，报主无能合远投"……拳拳赤子之心自然流露，毫无矫饰。

第三章　阳明思想的成型

生存考验

去贵州之前，阳明决定还是先回老家辞别家人为好，尤其是家中还有年近九十的奶奶。于是，他重新踏上了少年时期曾和爷爷一起走过的路，沿着京杭大运河南下，经临清、徐州、淮安、扬州、镇江、苏州，最后来到运河的最南端杭州。原先想直接从杭州去余姚的，但这时，从京城传来一个坏消息，说是刘瑾以武宗的名义列出了一个53人的"奸党"名单，将他们的"臭名"榜示朝堂，传宣群臣跪于金水桥宣戒，然后公告天下，其中刘健、谢迁，尚书韩文、杨守随、林瀚，都御史张敷华，郎中李梦阳名列前七，自己列第八位。阳明为避免不必要的麻烦，就改道舟山，想从舟山经水路到余姚。

不巧的是，船行至海上竟遭遇了大风，飘飘摇摇的谁都不知道最后登陆在什么地方。等惊魂甫定，最后一船人才发现来到了福建东郊鼓山附近。之后，阳明取道武夷山，进入江西，然后乘船由信江入鄱阳湖，转入长江，顺江而下来到南京，看望这时已被刘瑾刻意安排既是升官又是排挤出京师的任职南京吏部尚书的父亲。最后才辗转回到余姚，时间已经是正德二年（1507年）的十二月了。辞别家人，赶赴贵州之前，阳明还收了三个门人。妹夫徐爱和徐爱的两个好朋友蔡宗衮、朱节——在当时只有举行了拜师礼，才算是正式入门为弟子的。

阳明带着两个仆人，东辞余姚，经绍兴、处州、衢州，进了江西地面。再次来到广信，不禁想起当年新婚后拜谒娄谅之事，而娄谅却在见面的第二年便去世了。慨叹之余，忍不住题诗一首：

夜泊石亭寺用韵呈陈娄诸公

因寄储柴墟都宪及乔白岩太常诸友

廿年不到石亭寺，惟有西山只旧青。

白拂挂墙僧已去，红兰照水客重经。

沙村远树凝春望，江雨孤篷入夜听。

何处故人还笑语？东风啼鸟梦初醒。

怀念归怀念，自己还是无奈只得继续踏上征程。经分宜、宜春、萍乡，入湖南境内，过长沙，涉汀江，下洞庭，溯沅水，阳明最后于正德三年（1508 年）3月，踏上了荒草剪径的黔西路。

龙场驿（今贵州修文县）在贵阳西北万山合抱中，乃明初朱元璋为固西南政局，强化中央集权，而支持彝族女土司奢香为打通川、黔道路所开设的"龙场九驿"之一，是贵阳北上的第一站。据《贵州通志》所载，龙场驿站该设有驿丞一员，书吏一员，马二十三匹，铺陈二三十副，驿卒若干。但此时的龙场驿，早已凋落，马也死了，人也逃了，房子也全倒塌了。再看周边的地理环境，山高路险，荆棘丛生，蛇虺魍魉遍布，蛊毒瘴疠弥漫。不仅如此，更艰难的还属语言不通，这里生活的要么是其他民族的比如苗人、彝人、瑶人，要么是从中原匆匆流亡到此的逃犯。自然条件的恶劣和生存环境的艰难，导致从中原流放到这里来的人十有八九死在半道，或是水土不服引发疾病，或是因语言不通，难以融入当地生活，没有生活来源而饿死。王阳明来到龙场不久，便亲眼目睹了这样的事。到贵州思州赴任的吏目、他的孩子和仆从一行三人，不堪饥饿、劳顿的折磨，先后死在离龙场 10 公里处的山道上。王阳明在龙场见过他们，没几天就听人说他们先后死在路上，非常难受。于是，在当地百姓的帮助下，他和两个仆人一起，掩埋了客死异乡的三位同胞，写下了令人读后甘肠寸断的《瘗旅文》。刘瑾之所以贬谪王阳明去贵州，大概也是揣度着他这次该是九死一生的了。《瘗旅文》被收入《古文观止》作为范文，我们再来拜读一下这千古不磨的好文章，从而得以窥见当时阳明境况的艰难：

　　维，正德四年秋月三日，有吏目云自京来者，不知其名氏；携一子一仆，将之任，过龙场，投宿土苗家。予从篱落间望见之，阴雨昏黑，欲就问讯北来事，不果。明早遣人觇之，已行矣。薄午有人自蜈蚣坡来，云一老人死坡下，傍两人哭之哀。予曰："此必吏目死矣。伤哉！"薄暮复有人来，云："城下死者二人，傍一人坐叹。"询其状，则其子又死矣。明日复有人来，云："见坡下积尸三焉。"则其仆又死矣。呜呼伤哉！念其暴骨无主，将二童子持畚锸，往瘗之，二童子有难色然。予曰："嘻！吾与尔犹彼也。"二童悯然涕下，请往；就其傍山麓为三坎埋之，又以只鸡饭三盂，嗟吁涕洟而告之。曰：

　　呜呼伤哉！系何人？系何人？吾龙场驿丞余姚王守仁也。吾与尔皆中土之产，吾不知尔郡邑，尔乌为乎来为兹山之鬼乎？古者重去其乡，游宦不逾千里。吾以窜逐而来此，宜也；尔亦何辜乎？闻尔官，吏目耳，俸不能五斗，尔率妻子躬耕，可有也，乌为乎以五斗而易尔七尺之躯？又不足，而益以尔子与仆乎？呜呼伤哉！尔诚恋兹五斗而来，则宜欣然就道，乌为乎吾昨望见尔容蹙然，盖不任其忧者？夫冲冒雾露，扳援崖壁，行万峰之顶，饥渴劳顿，筋骨疲惫，而又瘴疠侵其外，忧郁攻其中，其能以无死乎？吾固知尔之必死，然不谓若是其速，又不谓尔子尔仆亦遽尔奄忽也。皆尔自取，谓之何哉！吾念尔三骨之无依而来瘗尔，乃使吾有无穷之怆也，呜呼痛哉！纵不尔瘗，幽崖之狐成群，阴壑之虺如车轮，亦必能葬尔于腹，不致久暴露尔。尔既已无知，然吾何能为心乎？自吾去父母乡国而来此，二年矣，历瘴毒而苟能自全，以吾未尝一日之戚戚也。念悲伤若此，是吾为尔者重而自为者轻也。吾不宜复为尔悲矣。吾为尔歌，尔听之。歌曰：

　　　　　连峰际天兮，飞鸟不通；
　　　　　游子怀乡兮，莫知西东。
　　　　　莫知西东兮，维天则同。
　　　　　异域殊方兮，环海之中；
　　　　　达观随寓兮，奚必予宫？
　　　　　魂兮魂兮，无悲以恫！

又歌以慰之，曰：

尔皆乡土之离兮，

蛮之人言语不相知兮。

性命不可期。

吾苟死于兹兮，

率尔子仆来从予兮。

吾与尔遨以嬉兮，

骖紫彪而乘文螭兮，

登望故乡而嘘唏兮。

吾苟获生归兮，

尔子尔仆尚尔随兮，

无以无侣悲兮。

道傍之冢累累兮，

多中土之流离兮，

相与呼啸而徘徊兮。

餐风饮露，无尔饥兮；

朝友麋鹿，暮猿与栖兮。

尔安尔居兮，

无为厉于兹墟兮！

　　"我顾念到他们的尸骨暴露野外、没人收埋，于是领着两个仆人拿着畚箕、铁锹前往埋葬他们，两个仆人面有难色，我说：'唉！我和你们的处境就像他们哪！'两个仆人听完后就哀怜地掉下眼泪，请求前往。

　　"我因为被贬逐到这儿来，是应该的；你又犯了什么罪过呢？听说你的官职，不过是一名吏目罢了，俸禄还不到五斗米，你带着你的妻儿亲自耕种就可以获得了，为什么要用这五斗米来换你身长七尺的一条命呢？这还不够，还要加上你儿子和仆人的生命？

　　"即使我不埋葬你们，深崖里的狐狸成群，阴谷中的毒蛇大如车轮，也一定能够把你们吞葬在他们的肚子里面，不至于让你们长久曝露在外面的。虽然你们已经没有知觉了，可是我的良心又怎么过意得去呢？自从我离开父母、家乡而来到这儿，已经两年了；经受瘴疬毒气而还能侥幸地保全自己，这是因为我一天也不曾忧愁、恐惧啊。"

阳明生来为祖父母所钟爱，长大后因父亲的地位而受人尊重，再加上自己天赋异禀，目空一切，所以生活给他呈现的一直都是灿烂的一面。之前虽因录囚江北而对社会有了真实的认知，又因上疏言事而受廷杖、下诏狱，但所见所闻，到底大都离不开士大夫的圈子。到了这里后，见到的是中国最落后地区的民风民俗，听到的是中原流亡者对中国最阴暗面的揭露，这才以最底层者的身份，真正接触到最底层的社会。直到这时，他的肉体，才经受了有生以来最艰苦的磨炼；他的灵魂，才真正受到有生最激烈的震荡；他对人生、对社会的认识，才真正开始了有生以来最本质的飞跃。严格地说，也正是在此时，他才真正体会"苦其心志，劳其筋骨，饿其体肤"的意义。

被抛到这种绝地，整个世界变得单纯了。于是，第一步，"始教之范土架木以居"，然而可贵的是，阳明竟然还洒脱地为此赋诗一首：

初至龙场无所止结草庵居之

草庵不及肩，旅倦体方适。
开棘自成篱，土阶漫无级。
迎风亦萧疏，漏雨易补缉。
灵濑响朝湍，深林凝暮色。
群像环聚讯，语庞意颇质。
鹿豕且同游，兹类犹人属。
污樽映瓦豆，尽醉不知夕。
缅怀黄唐化，略称茅茨迹。

既然"草庵不及肩"，那么这所谓的草房也顶多算是窝棚而已。看他写的，似乎窝棚周围景色不差：房子在土坡上，周围的灌木丛芟出一片来，成为院落，边沿没苔除到的就成了自然的篱笆。近处还有淙淙的小溪，稍远环绕着幽密的丛林，真是一块难得的处所。阳明自己都觉得惬意，直觉山风吹着那茅檐都有一种无比爽快的感觉，他甚至想到这样的茅屋就是漏雨也容易修补，也是可喜的好处。

隔不多久，阳明一行三人不经意间在一个山坡上发现了一座石洞，竟如家乡余姚的阳明洞一般，不禁欢喜若狂。于是连忙悉数搬进石洞，以石为床，以石为凳，以石为灶，以石为案……三人相顾而笑，其乐融融。阳明曾连赋《始得东洞遂改为阳明小洞天三首》，其二云：

> 童仆自相语，洞居颇不恶。
> 人力免结构，天巧谢雕凿。
> 清泉傍厨落，翠雾还成幕。
> 我辈日嬉偃，主人自愉乐。
> 虽无荣戟荣，且远尘嚣聒。
> 但恐霜雪凝，云深衣絮薄。

为遥寄对故乡的思念之情，阳明还把这洞名改为"阳明小洞天"，后人习称阳明洞。阳明洞位于今修文县城东1.5公里的栖霞山的半山腰上。栖霞山实际上是平地凸起的小丘，林木葱茂，藤蔓缠绕，岩石裸露。阳明洞是自然生成的溶洞，其顶不高，凸凹不平，洞分三口，两前一后，一大两小，洞内面积约几十平米，可容百十来人。住进洞里后，身康体健的两个仆人却病倒了，大概也是水土不服所致，而向来身体欠安的王阳明却精神饱满。于是，阳明"自析薪取水作糜饲之；又恐其怀抑郁，则与歌诗；又不悦，复调越曲，杂以诙笑，始能忘其为疾病夷狄患难也"，最后竟使他们病体康复了。这件事让当地的土著居民深为惊讶，进而转化为钦佩。而心忧天下的王阳明自然浑身散发着知识魅力，于是，当地居民更是把他奉若神明了。

由于阳明小洞天是溶洞，洞顶时有滴水，当地居民悯其阴湿，于是就一起伐木结茅，在洞口右下方为阳明一行三人盖起了屋子，这大概是当时附近几十里内一所规模最大、档次最高也最奢侈的房屋了，不仅有居室、客厅，还有凉亭。王阳明以"君子居之，何陋之有"，把卧室和书房命名为"何陋轩"；又以竹子具有"君子之德"，把洞口左上方四周栽竹的小亭，命名为"君子亭"。这君子亭高9.6米，为重檐六角攒尖顶建筑，王阳明以后的一段时光便常在此抚琴赏景。洞口左侧为宾阳堂，面阔10米，进深3米，是王阳明的迎宾处。对于如此宏大的建筑，阳明不敢贪天之功，决定把它定位为将来自己重振圣学的所在，于是根据所建地的名字龙场山冈命名为"龙冈书院"，这成为阳明心学的第一个传播圣地。可以说，天下的王学，无论是浙中、江右、泰州、南中、楚中、北方、粤闽诸学派，抑或是日本的阳明学、朝鲜的实学以及东南亚、欧美的王学，寻根溯源，都以龙冈为始发地。

关于这龙冈书院，王阳明自己还赋诗一首特记之：

龙冈新构

诸夷以予穴居颇阴温，请构小庐。欣然趋事，不月而成。诸生闻之，亦皆来集，请名龙冈书院，其轩曰"何陋"。

谪居聊假息，荒秽亦须治。

凿巘薙林条，小构自成趣。

朣开窗入远峰，架扉出深树。

墟寨俯逶迤，竹木互蒙翳。

畦蔬稍溉锄，花药颇杂莳。

宴适岂专予，来者得同憩。

仑奂非致美，毋令易倾敝。

龙场悟道

龙场悟道不仅是王阳明个人心路历程在长期探寻后发生重大转折的关键事件，而且也是贵州学术史和整个中国思想史上具有重大历史象征意义的事件。

　　龙场悟道发生的时间相对较早，这时候，阳明三人还没有住进龙冈书院，而是挤在"玩《易》窝"中。所谓"窝"者，实为平地之下一天然溶洞，现在我们还能看到。其洞口十分狭窄，俯级而下十米左右便不见光亮，而后洞分两路，都特别阴湿，隐约可见一灯台和石床。虽然有了简陋的栖息之所，但这个时候，王阳明并没有从生命的紧张和焦虑中走出来，他感受到的依然是人生的无穷困厄。他甚至自知无处伸冤，万念俱灰，惟有生死一念未曾了却，于是在当地居民做石棺的时候也为自己做了一副，还对着石墩自我发誓："吾惟俟命而已！"

　　在此绝望中，淳朴善良的土著人民给了他无私的援助，使他看见了一线希望的曙光，有了生活的勇气，用"生命的体验"来面对人生，面对残酷的现实，他决心重新站立起来，与命运抗争。他希望自己不仅从世俗外部的得失荣辱中超越出来，而且从生命内部的生死存在困扰中解脱出来。在日夜端居静默之中，他苦苦探寻人生的究竟，并默记《五经》要旨，但凭自己的理解去领悟孔孟之道，省度程朱理学。这一改变，使他摆脱了世间凡俗，跳出了"以经解经""为经作注"的窠臼，发挥了独立思考，寻求人性解放。

　　在春夏之交的一个午夜，他忽然从石床上呼跃而起，把跟从他的人着实吓了一大跳。本来睡得好好的，怎么竟突然发起癔症来？阳明像练气功的人在发功时似的，一个劲抖动，身不由己地前仰后合。一阵激动过后，阳明说："圣人之道，我性自足。过去从外物求天理是舍本逐末了。由外及里的路子整个是场误会。"王阳明顿悟之"道"，即吾心之道，意谓圣人之道先天地固存于吾心，不必外求，所以吾心即道。这便否定了朱熹"求理于事物"的认识途径，肯定了"吾性自足"，而"求理于吾心"，就是"圣人之道"。他此时悟通、后来再三申说的口号就是："所谓格物致知并非如朱子所说的用镜子去照竹子，而是倒过来，以心为本体。下工夫擦亮心镜。所谓的'格'就是'正'，所谓的'物'就是'事'。"他这一源自生命内部的"呼跃"，犹如思想史上的一声惊雷，打破了程朱笼罩下的数百年沉闷官学空气，吹拂出思想文化新天地的阵阵春风。这时的阳明，心境由烦躁转为安然，由悲哀转为喜悦，一种生机勃勃的情绪油然而生。紧接着，他全然凭着记忆写下了《五经臆说》，以其极富反叛精神的"异端曲说"向程朱理学发起猛烈轰击。他在《五经臆说序》中自述创作缘起：官方的或流行的注经解经的做法是求鱼于渔网，求酒于酒糟，而他是舍网而直接求鱼的。从此王阳明开始发明"心即理"的心学命题，为其"知行合一"说的创立准备了理论基础。可惜的是，这部专著没有完整地保存下来，我们无法完整准确地了解它的主要思想内容。而根据阳明的大弟子钱德洪所说，这本书之所以没保存下来是因为阳明根本就不想让世人知道它的内容。

龙场悟道，正是王阳明由否定程朱理学而飞跃到建立自己的学术思想体系的关键，为他大步迈进明代新儒学的巍巍殿堂开辟了道路。尽管王阳明从 11 岁起就有了成圣成贤的生命志向，但却长期驰骋于辞章诗文，出入于释、老二氏。虽然他也按照宋儒"尊德性"的要求，不断以向外"格物"的方法来提升自己的精神境界，甚至花费了七日的功夫来穷格竹子的道理，但结果却加重了"圣人情结"引起的内在焦虑，使生命处于有限与无限极度对立的紧张之中。以致他不能不慨叹"圣贤是做不得的"。因为以有限的生命去穷尽外部世界无限的事事物物，如此才能成圣成贤，成圣成贤岂不就是一句空话？而龙场悟道正是在生死威逼的边际体验中，直接把成圣成贤的功夫扭转为向内领悟生命的终极意义，从而使他最终发现了生命存在的本体依据，并返归到儒家正学的路途上来，自觉地以儒家精神价值为本位建构自己的心学体系。可见龙场悟道以后，王阳明的学问宗旨才发生了关键性转变，并找到了生命提升的最终归宿，恰如长江黄河，经过千山万壑，自此浩浩荡荡，一泻千里，直奔大海。

龙场悟道对于贵州学术史的发展演变而言，更是一件石破天惊的象征性思想史大事。因为自东汉尹珍以来，儒学大传统即不断传入贵州，但至少迟至明代中叶以前，贵州历史上仍从未出现过较具规模的地域性思想学派。真正的地域性思想学派的形成，直到王阳明龙场悟道之后。龙场悟道即意味着心学思想体系的诞生，而心学思想体系的传播则是通过龙岗书院与文明书院的讲学活动得以展开。"黔中之有书院，自龙岗始也，龙岗之有书院，自王阳明先生始也"。正是在王阳明的影响下，贵州不仅出现了大规模的书院讲学活动，使心学思想得以迅速传播，而且通过讲学活动也培育了一批地方心学人才，形成了全国较早的地域性心学学派——黔中王学，代表人物有陈文学、汤伯元、孙应鳌、李渭、马廷锡等人。自黔中王门产生以后，贵州士习大变，人才浸盛，文教之风播及全省各地区，名臣大儒甚至敢与中原争雄，流风余荫沾溉黔省数百年，降及晚近仍发出极大的声光回响。

龙场悟道更是中国思想史上具有划时代意义的象征性事件。王阳明远祧孟子，直承象山，针对程朱理学越来越脱离人的生命而知识化、外在化的倾向，特别是其末流暴露出来的支离破碎的弊病，以更加简易直截的功夫与"先立乎其大"的入手方法，开辟了另一条与朱子不同的成德之学，拓宽了主体自立自主的精神价值世界，展示了道德自律与人格挺立的实践精义及具体路径。他在龙场悟道之后，向诸生讲说的"心外无理""知行合一"等理论主张，实际就是强调人的生命内部有着道德理性和道德情感，人性内部也潜藏着无穷无尽的德用智慧或价值资源。真理不是与人的生命毫不相关的身外物。无论心灵或人性，都是精神价值的大宝藏。知识论应该与人的活泼生命结合，甚至也应该与宇宙论结合，不能离开人的生命行动与有体有用的宇宙大化空谈知识或格物。人所要做的努力，就是本着与天地一体的自强不息的精神，将生命本有的无穷德用显发出来，化为活泼的社会实践行为。王阳明成为继朱熹之后中国思想史上的又一发展高峰，他的各种人生努力与致思方向，都代表了儒家重新调整内在发展道路的一种尝试。他的影响后来遍及大江南北，远到日本、朝鲜及其他世界各国。阳明学作为一种国际性的学问，已超越了国界而引起各国学者的广泛重视。正是由于龙场悟道的象征性意义极为巨大，修文至今仍被海内外学者推尊为"王学圣地"。

经过龙场悟道的思想飞跃，阳明消沉苦闷的心境一下豁然开朗，他教当地居民用土木架屋以居。随后，又在龙冈书院授徒讲学，常常与诸生秉烛讲习，乃至通宵达旦，乐此不疲。其有《诸生夜坐》诗云：

> 讲习有真乐，
> 谈笑无俗流。
> 缅怀风沂兴，
> 千载相与谋。

阳明教育学生特别注重培养其独立人格，曾亲手制订教条以训示龙冈诸生，要求他们立志、勤学、改过、责善，关键就是要学会"做人"：

"志不立，天下无可成之事。虽百工技艺，未有本于志者。今学者旷废坠惰，玩岁愒时，而百无所成，皆由于志之未立耳。故立志而圣则圣矣，立志而贤则贤矣。志不立，如无舵之舟、无衔之马，漂荡奔逸．终亦何所底乎？"

王阳明纪念馆

"已立志为君子，自当从事于学。凡学之不勤，必志之尚未笃也。从吾游者，不以聪慧警捷为高，而以勤确谦抑为上。"

"夫过者，自大贤所不免，然不害其卒为大贤者，为其能改也。故不贵于无过，而贵于能改过。"

"责善，朋友之道。然须忠告而善道之。悉其忠爱，致其婉曲，使彼闻之而可从，绎之而可改，有所感而无所怒，乃为善耳。若先暴白其过恶，痛毁极诋，使无所容，彼将发其愧耻愤恨之心，虽欲降以相从，而势有所不能，是激之而使为恶矣。故凡讦人之短，攻发人之阴私，以沽直者，皆不可以言责善。虽然，我以是而施于人不可也，人以是而加诸我，凡攻我之失者，皆我师也，安可以不乐受而心感之乎？"

诸生多为中土追随阳明求学之士，其学习热情空前高涨，给阳明以莫大的精神鼓舞。他以"心与理合而为一"和"求理于心"的新理论作为教学内容、大胆否定程朱道学的一些学术成见，又以生动活泼的教学方法否定程朱道学的死板说教，深受四方学子所欢迎。

正德四年（1509年），阳明在讲学中正式提出了"知行合一"的重要命题，成功地迈出了独创心学思想体系的第一步。由于他声名闻于远近，贵州提学副使席书前来拜访，请求赐教以辨朱熹、陆九渊学说的异同。阳明"不语朱陆之学，而告知以其所一悟"，席书一时还疑惑不解，只好暂且离去。第二天又来请教，阳明"举知行本体证之五经诸子"，使席书渐渐有所领会。如此往复数次，席书方才恍然大悟，十分感慨地说："圣人之学复睹于今日，朱陆异同，各有得失，无事辨诘，求之吾性本自明也。"

席书回到贵阳，与按察副使毛应奎一起修复贵阳文明书院。这年十一月，席书正式礼聘阳明主讲文明书院，自己亲率州县诸生向阳明行拜师大礼。席书常常到书院与守仁论学，两人设问答疑，多至深夜，从而结下了没齿不忘的友谊。嘉靖二十年（1541年），阳明的弟子蒋信来任贵州提学副使，文明书院已经破败，蒋信再度重建，大讲阳明心学，贵州人文风教为之一振。

在阳明离开龙场之前，还有一件相对重要的事情值得一提，那就是前面提到的阳明的第一位门下弟子、被阳明誉为"吾之颜渊"的、他的妹夫徐爱，于考试失败后在阳明书信的诱导下，不远千里辞别家人来到龙场向师父求学问道来了，研究的主要课题就是关于"知行合一"的。年谱中关于这件事是这样记载的：

先生曰："试举看。"

爱曰："如今人已知父当孝，兄当弟矣，乃不能孝弟，知与行分明是两事。"

先生曰："此被私欲隔断耳，非本体也。圣贤教人知行，正是要人复本体，故《大学》指出真知行以示人曰：'如好好色，如恶恶臭。'夫见好色属知，好好色属行。只见色时已是好矣，非见后而始立心去好也。闻恶臭属知，恶恶臭属行；只闻臭时，已是恶矣，非闻后而始立心去恶也。又如称某人知孝，某人知弟，必其人已曾行孝行弟，方可称他知孝知弟：此便是知行之本体。"

爱曰:"古人分知行为二,恐是要人用工有分晓否?"

先生曰:"此正失却古人宗旨。某尝说知是行之主意,行实知之功夫;知是行之始,行实知之成;已可理会矣。古人立言所以分知行为二者,缘世间有一种人,懵懵然任意去做,全不解思惟省察,是之为冥行妄作,所以必说知而后行无缪。又有一种人,茫茫然悬空去思索,全不肯着实躬行,是之为揣摸影响,所以必说行而后知始真。此是古人不得已之教,若见得时,一言足矣。今人却以为必先知然后能行,且讲习讨论以求知,俟知得真时方去行,故遂终身不行,亦遂终身不知。某今说知行合一,使学者自求本体,庶无支离决裂之病。"

这只是师徒二人关于知行问题的一个小小讨论,但它几乎讲透了"知行合一"的全部思路,而更为详细的内容见于徐爱整理的王阳明的语录《传习录》。正德四年 (1509 年) 年底,吏部下了一道文书,把阳明调任江西吉安府庐陵县知县。至于调任升职的真正原因,现在能考据到的并不特别清楚,基本上是贬谪期满的缘故。《明史》和黄宗羲的《明儒学案》均把阳明的升职归结为刘瑾之死,但事实上,根据《明武宗实录》记载,刘瑾被杀是在正德五年 (1510 年) 农历四月的安化王之乱中,而年谱中阳明抵达庐陵却早在这年三月。不管怎么样,总还是升官了,似乎还有重新起用的苗头了。从正德元年 (1506 年) 十二月贬谪之令下,到正德四年 (1509 年) 十二月调离贬谪之地,阳明被放逐的时间整整三年。王学形成过程历经先从程朱理学,后出入佛老之境,到现在"忽悟格物致知之旨"和"知行合一"等"三变"过程,到此时,阳明心学正式宣告诞生。

阳明在贵州的时间虽然不长,但与贵州人的感情却十分深厚。阳明洞外有彝族土司安国亨的题字:"阳明先生遗爱处"。所谓"遗爱",就是无限的爱,永恒的爱,应该是对阳明在贵州一地所做出的贡献的最精到的评价了。

知任庐陵

阳明从贵州坐船顺沅水东下，经溆浦大江口、辰溪，到达辰州（今湖南怀化市沅陵）。阳明在辰州稍作了停留，因为要和老友杨名父相会。没曾料想，几位湖广常德府籍的学生冀元亨、蒋信、刘观时，听说老师东归时要在辰州逗留，便都自发地约好到辰州等候老师，然后盛情相邀在始建于唐贞观二年（628年）的龙兴寺讲学。阳明慨然应允，在寺内讲授"致良知"一个月，并在寺内留下题壁诗一首：

> 杖藜一过虎溪头，何处僧房问慧休。
> 云起峰间沉阁影，林疏地低见江流。
> 烟花日暖犹含雨，鸥鹭春闲自满州。
> 好景同游不同赏，诗篇还为故人留。

嘉靖二十三年（1544年），阳明的门人辰州郡丞徐珊与邑宪副王世隆两人为纪念先生当年讲学事迹，便在龙兴讲寺后门开处兴建了虎溪精舍。崇祯初年更名阳明书院。雍正四年（1726年）郡丞黄澍复修阳明书院，十一年（1733年），改为虎溪书院。

阳明在冀元亨等弟子的陪同下，进桃源，过常德，入洞庭，走醴陵，终于踏上了江西的土地，并于正德五年（1510年）三月，来到吉安府治所在地庐陵。庐陵虽是小县，却是四省交通之区。之前也曾是"文献之地"，然而近年却世风不正，尤其是苛捐杂税太多，导致民风大坏，盗匪繁衍，正不压邪。

庐陵县一直是吉州、吉安府的行政驻地，阳明知道，治理好了庐陵县，就能稳住吉安府。因此，对知任庐陵，阳明感到责任重大。谁知考验随着阳明一上任就来到。那天上午，上千乡民忽然间涌入县衙大门，大声地呼号着什么。阳明一时听不清他们到底要求什么，便让他们派一两个代表陈诉，这才听清原来百姓是要宽免一项征收葛布的摊派。

王阳明塑像

　　原来前几年朝廷下派的"镇守中官"与当地的地痞流氓相互勾结，将朝廷的税赋层层加码，他们乘机中饱私囊。庐陵因此竟增加了木炭、牲口、杉木等多项摊派，交纳的税银达一万多两，比三年前翻了两番。尤其对于葛布这一项，本地根本就不出产，谁知上面竟想出荒唐的"办法"，让老百姓出钱去外地购买之后再上交。对这些增加的负担和无理摊派，庐陵县的百姓当然不愿承担，便约定拒绝交纳。

　　阳明前几天翻阅公文也大抵了解了一些情况，从人也的确告诉过他此地不出此物，面对这群情激昂的百姓，阳明一时想不出解决之道：税赋任务是上面分派下来的，不完成就不好向上司交差。可这些增加的税赋明显不合理，百姓也难以承受。如果强行征收，激起了民愤怎么办？阳明十分同情这些穿得破破烂烂的百姓，终于下定决心，先斩后奏，不假思索地同意了乡民的请求。于是，他赶紧给吉安府和江西布政司写了一份题为《庐陵县为乞蠲免以苏民困事》的报告，要求免除镇守中官加给本地的不合理负担，还亲自去说明原因。上司为他的真诚所感动，也就同意了。朝廷派在江西督税赋的镇守中官姓王，早就知道王阳明在朝廷任职时，对权臣都敢提反对意见，在京城有不少他的弟子，很有声望，不太好对付。何况，朝廷对加派税赋不知底细，都是自己在下面搞的鬼，事情闹大了，自己也不好收场，因此也就睁只眼闭只眼算了。新来的知县一来就争取上面支持，免去了多年增加的摊派，庐陵百姓岂有不高兴、不敬佩知县之理？

改变建筑结构、确保防火功能是阳明在短短不到七个月的庐陵任内所做的第二件大事。庐陵县城从唐宋起就比较繁华，沿江大街和后河两旁店铺连绵，青石街和高峰坡一带居民密集。然而这也带来一个弊端，因庐陵店铺和民居大多用的是木板房，巷道也不宽，也没有砖墙相隔，如果发生火灾，那后果每每不堪设想。民间传说庐陵是火神爷的居地，是"火城"，所以火灾特别多。阳明刚上任，就发现了这个隐患，在深入街巷调查后，以县衙的名义发出通知：第一，凡临街建筑，全退进三尺，以拓宽街道，火灾发生时，一可作防火带，二便于疏散人口；第二，每家店铺店屋，全退进二尺，作防火巷；第三，每户出一钱银子，用来为临巷道的房屋建砖墙，隔离火势。这些利民措施，肯定会损害一些人的利益，为此，阳明派员挨门上户去动员说服，使大家知道这是为大伙全体利益着想，晓之以理，动之以情，终于得到百姓的支持，防火工程进展顺利，县城的火灾也大大减少。

当然，作为大教育家，阳明对百姓的教化工作一直是他为官一任所着重强化造福于百姓的大关节。公务之余，他常去学馆书院传授理学思想，同时要求百姓强化道德修养，遵守纲常，恢复了明初设立但早已名存实亡的申明亭和旌善亭制度。他要求各乡村都要设立"两亭"，凡是当地的偷盗者、斗殴者或被官府定罪的，都在该地申明亭中张榜公布，警戒他人；凡当地热心于办公益事业和乐于助人的，为朝廷和地方作出贡献的，也都在该地旌善亭张榜表彰，树立榜样。这项扬善惩恶的举措，有力促进了乡风民风的好转。

正德五年八月，朝中局势发生了突变，宦官刘瑾被捕下狱，接着被处以死刑，凡刘瑾专政期间受打击的各类官员，均予平反。阳明仕途中的转机也随之到来。九月，阳明离开庐陵，前往京城"朝觐"。尽管来去一阵风，厚道的庐陵人却对阳明感恩戴德，怀念这位难得的"父母官"，于是建了座"阳明堂"纪念他。若干年后，"阳明堂"边的老街扩建，新街就被命名为阳明路。

朝觐时间本在正德六年（1511年）正月，然而阳明出发得很早，正德五年十一月初便到了京师，在湛若水等人的安排下借住在大兴隆寺，等待朝廷的消息。

而朝廷呢，也早在正德五年十月就下发了吏部委任书，将他从庐陵知县升为南京刑部四川清吏司主事。朝觐之后，阳明该去南京任职了。然而他还没来得及出发，新的任命又下达了，改任为吏部验封司主事。验封司是吏部第二司，掌封爵、袭荫、褒赠、吏算等事，地位大致等同于阳明贬谪前曾担任的兵部武选司。正德六年十月，又升任吏部文选司员外郎。按照当时朝廷机构的设置，文选司是六部四十二个清吏司中地位最高的一个，主要掌管文职官员和吏员的升迁、改调等。员外郎即副长官，从五品。正德七年（1512 年）三月，阳明又被升任为吏部考功司郎中，属正五品级别的官员。十二月，升南京太仆寺少卿，正四品，列于高级官员的行列。从正德五年十一月刘瑾被诛后朝觐进京，至正德七年十二月升南京太仆寺少卿，两年时间里，阳明由正七品升为正四品，升了三品六级，这个速度是相当惊人的了。

京师论说

王阳明回京朝觐等候朝廷消息的时间里，主要在大兴隆寺与湛若水、黄绾等人一起讲学论辩，这一次北京讲学活动意义重大，"标志着明代心学门户之分、讲学之盛的开始"。从此以后，王阳明、湛若水平分讲席，主导天下学术数十年。湛若水堪称当时唯一能与王阳明平起平坐的具有自己独特思想的大学者。王、湛、黄三人倾心相谈，自然妙不可言，三人定"终身相与共学"，直至嘉靖壬午年（1522 年）春，黄绾孜孜不忘要拜王阳明为师才最终得偿所愿。

年底，升任南京刑部四川清吏司主事的文件下达，因为要等明年正月朝觐，所以这段时间，王阳明主要是与黄绾和应良论实践之功，讨论的课题主要是围绕为什么"圣学久不明"。这个时期，王阳明提出了"学者欲为圣人，必须廓清心体，使纤翳不留，真性始见，方有操持涵养之地"的知行观点。应良一时难以明白，王阳明就打了个很生动的比方，说，圣人之心像明镜，是容不得一点尘埃的，也不必磨刮。一般人的心，就像糊满污垢而且剥蚀了的镜子，得狠狠磨刮一番，把污垢剥蚀刮干净，上面有了灰尘就容易拂去了。人心是万物得以显现的"发窍处"，它常被驳杂的斑垢遮掩，去掉这些斑垢，找到人心的一点灵明，找到"发窍处"，就找了心与万物一体的相通处，从而到达澄明之境。解释完之后，阳明还总结道：

> "凡人情好易而恶难，其间亦自有私意气习缠蔽，在识破后，自然不见其难矣。古之人至有出万死而乐为之者，亦见得耳。向时未见得里面意思，此功夫自无可讲处，今已见此一层，却恐好易恶难，便流入禅释去也。"

正德六年正月，阳明时年40岁，平生第一次对陆九渊心学进行表态，事件起因则是他的两个弟子王舆庵和徐成之。那次，王舆庵读陆九渊的书后，深有相契之感，但徐成之却大不以为然，以为陆学是禅学，朱熹才是儒学正宗，所以与王舆庵相与辩论，却依旧各持己见，互相难以通融，最后只好把这个问题提交到老师手上。阳明听了事件经过后说道："是朱非陆，天下论定久矣，久则难变也。虽微成之之争，舆庵亦岂能遽行其说乎？"这话的最后一句是说，就算你徐成之不去争论，你王舆庵也无法改变天下都认为朱熹才是正统的观念啊，听上去不偏不倚，或者说还非陆挺朱，但事实上，这潜台词却是在挺王舆庵。徐成之就知道老师看似含糊两解，却"以阴助舆庵而为之地者"。为此，王阳明还专门解释了一番。他说：

> 舆庵是象山，而谓其专以尊德性为主。今观《象山文集》所载，未尝不教其徒读书。而自谓理会文字颇与人异者，则其意实欲体之于身。其丞所称述以诲人者曰："居处恭，执事敬，与人忠。"曰："克己复礼。"曰："万物皆备于我，反身而诚，乐莫大焉。"曰："学问之道无他，求其放心而已。"曰："先立乎其大者，而小者不能夺。"是数言者，孔子、孟轲之言也，乌在其为空虚乎？独其易简觉悟之说，颇为当时所疑。
>
> 然易简之说出于《系辞》；觉悟之说，虽有同于释氏，然释氏之说亦自有同于吾儒，而不害其为异者，惟在于几微毫忽之间而已。亦何必讳于其同而遂不敢以言，狃于其异而遂不以察之乎？是舆庵之是象山，固犹未尽其所以

是也。吾兄是晦庵，而谓其专以道问学为事。然晦庵之言，曰："居敬穷理。"曰："非存心无以致知。"曰："君子之心常存敬畏，虽不见闻，亦不敢忽，所以存天理之本然，而不使离于须臾之顷也。"是其为言虽未尽莹，亦何尝不以尊德性为事，而又乌在其为支离乎？独其平日汲汲于训解，虽韩文、《楚辞》《阴符》《参同》之属，亦必与之注释考辨，而论者遂疑玩物。又其心虑恐学者之躐等，而或失之于妄作，必先之以格致而无不明，然后有以实之于诚正而无所谬。

世之学者挂一漏万，求之愈烦，而失之愈远，至有弊力终身，苦其难而卒无所入，而遂议其支离。不知此乃后世学者之弊，而当时晦庵之自为，则亦岂至是乎？是吾兄之是晦庵，固犹未尽其所以是也。夫二兄之所信而是者，既未尽其所以是，则其所疑而非者，亦岂尽其所以非乎？仆尝以为晦庵之与象山，虽其所以为学者若有不同，而要皆不失为圣人之徒。今晦庵之学，天下之人，童而习之，既已入人之深，有不容于论辩者。而独惟象山之学，则以其尝与晦庵之有言，而遂藩篱之；使若由、赐之殊科焉则可矣，而遂摈放废斥，若碔砆之与美玉，则岂不过甚矣乎？故仆尝欲冒天下之讥，以为象山一暴其说，虽以此得罪无恨。晦庵之学既已章明于天下，而象山犹蒙无实之诬，于今且四百年，莫有为之一洗者。使晦庵有知，将亦不能一日安享于庙庑之间矣。此仆之至情，终亦必为兄一吐露者，亦何肯慢为两解之说以阴助于舆庵已乎？

王阳明用一种绝对主义的纯正立场，去点化两位徒弟，既肯定了他们意欲辩证看待问题的科学性，又指出了他们最终看问题流于相对、浮于表面的病症，循循善诱两位弟子没有深入钻研便各取所需地各执一词起来。之后，他用极大的耐心、诲人不倦的布道精神、平静的哲人语气，从"读书穷理"到"易简觉悟"，再到"居敬穷理"，深入阐发了朱陆学说的精义。最后他说明了为什么现在有点心向陆学的原因：我对朱子有无限的敬仰深情，决不会借故打压来故意抬高陆子，这有我平日里对朱子的尊敬为证。但是朱学已大明于天下，普及于学童，已用不着我来特表尊崇。而陆学被俗儒诬陷为禅学、蒙不实之冤情已四百年了。没有一个人站起来为他洗冤，若朱子有知，也不安心在孔庙受人供养矣。把话说到这个份上，弟子哪里还有不服的？

王阳明与乔宇的对话，是王阳明论"拔本塞源"，要专一、精一于道的集中体现，此事的记载见于王阳明写的《送宗伯乔白岩序》。说送是因为乔宇马上要去南京做尚书了。

王阳明说："学贵专。"乔宇听后答道："然。予少而好弈，食忘味，目无所观，耳无所听。盖一年而诎乡之人，三年而国中莫有予当者。学贵专哉。"阳明又说："学贵精。"乔宇又立马答道："然。予长而好文词，字字而求焉，句句而鸠焉，研众史，核百氏。盖始而希迹于宋、唐，终焉浸入于汉、魏。学贵精哉。"阳明第三句话是"学贵正。"乔宇又回答说："然。予中年而好圣贤之道，弈吾悔焉。文词吾愧焉，吾无所容心矣。子以为奚若？"乔宇的意思很明白，年少学棋至国中无对手，后来又为文追唐宋，可现在才知道应该专于圣人之道，但分明觉得力不从心了。这该怎么办呢？

阳明回答说，学棋、学文词、学道，都是学。但只有学道，才能至远至大。道是大路，别的都是小路，很难走得通。专于道，才谓之专；精于道，才谓之精。专于棋艺，那叫专于溺；精于文词，那叫精于僻，那都是旁门左道，离道太远，必须"惟精惟一"。一，天下之大本也；精，天下之大用也，非精则不能以明，非明则不能以成。"知天地之化育，而况于文词技能之末乎？"

升任吏部文选司员外郎后不久，当时的吏部郎中、年纪比王阳明小十来岁的他的上司方献夫告病还乡，临行前竟要求阳明收他为弟子。方献夫，生年不详，卒于明世宗嘉靖二十三年（1544年），广东南海人，字叔贤，号西樵，初名献科，弘治十八年（1505年）进士。辞官归家后，于西樵山中读书十年，一直等到嘉靖元年（1522年）才还朝，以议大礼迎合世宗意旨，进少詹事。后来却因廷臣视他为奸邪，终不得自安，于是再次以病告归。嘉靖六年（1527年）奉召参与修订《明伦大典》，官至吏部尚书兼武英殿大学士，入阁辅政，然而却无所作为，被人弹劾，最后上疏引退。要求拜阳明为师时，他业已成为一个比较有名的学者了。方献夫师从王门对王阳明的学说而言，影响也是相当大的。按那时的风俗，一个学说能不能广为流传并施加影响，光有普通老百姓随从是远远不够的，不光要有学者文人相与拜师，也要有朝中大臣积极参与，才使本门学说的地位得以提升与巩固，所以，方献夫的加入给王阳明很大安慰。细数现在阳明弟子，除了徐爱、朱节、蔡宗兖、黄绾、应良、方献夫，还有穆孔晖、顾应祥、郑一初、王道、梁谷、万潮、陈鼎、唐鹏、路迎、孙瑚、魏廷霖、萧鸣凤、林达、陈洸等人。

正德七年十二月的任命一下，阳明便与以祁州知州任满升任南京工部员外郎的大弟子徐爱一同辞别京师前往南京赴任去了，当然去南京之前，师徒俩都得先归家省亲。南归船上，王阳明第一次在别人面前批判了朱熹。

朱熹一生著作，影响最大的莫过于《四书集注》。明成祖永乐十二年（1414年）十一月发布"上谕"，编撰《五经大全》《四书大全》和《性理大全》，确立了朱学不可撼动的官方地位。批评朱熹如果能从批评《四书集注》入手，便能收到四两拨千斤的效果。这次，老师竟然破天荒地让大弟子背起随便一个四五岁的小孩子都能背得滚瓜烂熟的《大学》来。徐爱不明就里，虽不想玩这么幼稚的把戏，但也不好有违师命，于是，就嘀咕着念叨："大学之道，在明明德，在新民，在止于至善……"谁知，才刚说一句，就被老师打断说"错了"。

"错了？"徐爱简直不敢相信，第一句就背错了？很快，阳明便解释了错不在你徐爱而在于程颐与朱熹的因由：《大学》本是说"大学之道，在明明德，在亲民，在止于至善。"是"亲民"而不是"新民"。子曰："修己以安百姓"。修己便是明明德，安百姓便是亲民。然而程颐错把"亲民"改为"新民"，朱熹又沿用了这一错误，导致现在这一错误贻害了天下所有大众。阳明于是还劝导徐爱以后读《大学》，要读《礼记》古本，而不必尽信朱子之言。

徐爱一听，犹如醍醐灌顶。后来在为阳明语录的《传习录》作序时，徐爱这样说道：

> 先生于《大学》"格物"诸说，悉以旧本为正，盖先儒所谓误本者也。爱始闻而骇，既而疑，已而殚精竭思，参互错纵以质于先生，然后知先生之说若水之寒，若火之热，断断乎百世以俟圣人而不惑者也。先生明睿天授，然和乐坦易，不修边幅。人见其少时豪迈不羁，又尝泛滥于辞章、出入二氏之学，骤闻是说，皆目以为立异好奇，漫不省究。不知先生居夷三载，处困养静，精一之功固已超入圣域，粹然大中至正之归矣。

第四章　王阳明的政治成就

命运转机

正德八年（1513 年）二月，阳明回到余姚老家。此时父亲王华已年近 70，祖母已 93 岁高龄，父祖膝下已子孙满堂，却独独缺了他长房的子女，不过一时间也无计可施。阳明原先打算在家休息几天便跟徐爱同游天台和雁荡山的，谁知族中事务繁杂，拖得他不能起身，期间便邀黄绾一起出游。直到五月底，族中暂且空闲了，黄绾却一直没来，于是就带着徐爱等一众弟子从上虞入四明山览胜，观白水冲瀑布，寻龙溪之源，登杖锡，至雪窦山，上千丈岩，以望天姥、华顶，倒也优哉游哉。在观瀑布时，还赋诗两首，其二云：

> 千丈飞流舞白鸾，碧潭倒影镜中看。
> 藤萝半壁云烟湿。殿角长年风雨寒。
> 野性从来山水癖，直躬更觉世途难。
> 卜居断拟如周叔，高卧无劳比谢安。

一行人原计划还要从奉化取道临海走黄岩与黄绾相会的，恰碰上浙东大旱，山田尽龟裂，心里凄楚，便再也提不起游览的兴趣了，于是就直接回了余姚。到了家，就收到了黄绾迎候自己的书信，于是阳明写回信道：

> 此行相从诸友，亦微有所得，然无大发明。其最所歉然，宗贤不同兹行耳。后辈习气已深，虽有美质，亦渐消尽。此事正如淘沙，会有见金时，但

目下未可必得耳。

余姚白水冲瀑布

信中是说，虽名托游山玩水，实则想借助山水多点化点化徐爱、黄绾这两位得意门生。后辈其他诸人到底资质平平，沙不可能炼成金的了。只可惜，原想大浪淘沙始见金，可眼下却一金都不能得。这后来让徐爱知道，自感羞愧万分。

省亲时间长达半年，这年十月，阳明才赶到南京太仆寺的所在地滁州赴任。《明史》说太仆寺"掌牧马之政令，以听于兵部"，然而到了阳明的年代，南京太仆寺却仅仅是个无所事事的虚设机构。朝廷之所以将阳明从京师"发配"到滁州，就是嫌他在北京闹腾得过分，想以此来磨磨他的性子。阳明也乐得安逸，幸好在滁州待的时间不长，正德九年（1514年）四月，新的任命又下达了，是南京鸿胪寺卿。在滁州六个月，于阳明而言，最大的一件事，就是与湛若水相会。当时湛若水从安南出使回来，返京复命，在滁州特意住了几天，与阳明继续切磋。在别人眼里他们俩是一派，讲心性近禅，但他们自己深深知道两人只是和而不同，直到最后他们两个的思想还是没有彻底统一起来。

鸿胪寺卿与太仆寺少卿的品级相同，都是正四品，但一为正职，一为副职，地位还是上升了，更为重要的，一个在边缘地带，一个在南京政治中心。明代鸿胪寺是礼部分支机构，掌管朝会、宾客、吉凶礼仪等事。凡国家有郊庙、祭祀、朝会、宴飨、经筵、册封等大典礼，以及在外官员的朝觐、外国使节的朝贡、派出使臣的复命与谢恩等，都由鸿胪寺主持。可那是京城鸿胪寺的事，至于南京的分部，全然又是一个摆设。

这时候的阳明早已没有了一定要干出一番惊天地泣鬼神的壮举的冲动，能赋闲职也好，正好可以做做学问，讲授讲授课业。期间，徐爱、黄宗明、薛侃、马明衡、陆澄、季本、许相卿、王激、诸偁、林达、张寰、唐俞贤、饶文璧、刘观时、郑骝、周积、郭庆、栾惠、刘晓、何鳌、陈杰、杨杓、白说、彭一之、朱箧等人，同聚师门，"日夕渍砺不懈"。

正德十年（1515年）是两京官员的考察年，阳明从正德七年十二月升南京太仆寺少卿到正德十年底，算起来在正四品任上将满三年，正遇上"大计"之年，就上京师述职去了，原想顺便借故辞职的，结果朝廷不允许。

时光流转，已来到了正德十一年（1516年）的九月。阳明正眼巴巴地看着光阴从洒在指缝的阳光中溜走，朝廷却下达了一个新的任命，升他为都察院左佥都御史，巡抚南（安）、赣（州）、汀（州）、漳（州）等处。这一历史命运的安排，使王阳明成为当时政治舞台上一颗最耀眼的明星。心学大师王阳明和政治名臣、军事奇才王阳明相得益彰，使其成为千古唯一、三居绝顶的伟人。

起用王阳明，一来出于朝中政局混乱、农民起义不断、朝廷无计可施的局面，二来是兵部尚书王琼慧眼独具、任人唯贤的结果。王琼（1459—1532年），字德华，号晋溪，别号双溪老人，山西太原人，于明成化二十年（1484年，时年二十六岁）登进士，历事成化、弘治、正德和嘉靖四朝，由工部主事六品官一直做到户部、兵部和吏部尚书一品大员。特别是在正德十年到正德十五年间的五年中，因执掌兵部，有特殊功勋，连进少保、少传、少师"三孤"，和太子太保、太子太傅、太子太师"三辅"，成为明代历史上少见的"加官恩典"的典型。王琼一生做了三件为人称道的大事。一是倾三年时间治理运河，"敏练著称"；二是起用王阳明平定宸濠叛乱，"任人唯贤"；三是总制西北边防，"功在边陲"。史上把他和于谦、张居正并列称为明代三重臣。其时，王琼与王阳明素未谋面，直至平宸濠叛乱期间也未有机会见得一面，而且他们两人学术思想也不是一路，但王琼素知王阳明的才能与为人，为解决当朝将领多为世袭而无实战经验的隐患，而委阳明以大任。

上一年，即正德十年，御史杨典也曾举荐阳明担任当朝国子监祭酒，似乎这对阳明来说也是条很棒的出路，但朝廷怎么可能让这个有悖于朱子的学说而想自成一家的人，来当讲学大师呢？而巡抚就不一样。巡抚是明朝从宣德时期开始向各省派遣的中央巡视官员，后来逐渐制度化和地方化，成为省级最高军政长官，是当时一切有抱负和才干的官员们，发挥自己才能的最好职位。巡抚通常挂衔都察院，根据资历深浅分为"佥都御史"（正四品）、"副都御史"（正三品）、"都御史"（正二品）。阳明原为正四品官，所以初任巡抚时也只能是"佥都御史"。但从实际权力和地位来说，巡抚就是巡抚，"佥都御史"与"都御史"并无多大区别。阳明从此开始踏上了他挥洒杰出军事才干的通途。

初战告捷

九月接到任命后，阳明匆匆回了趟老家，因为九十七高龄的奶奶身体欠安，省亲已带有诀别的意味了。正德十二年（1517年）正月初三从南京出发，当月十六便到赣州。中途经过万安，恰逢一批商船被"流贼"打劫。阳明本身去赴任是不带兵卒的，只有家人而已，为此，他下令让所有商船连成一体，然后扯起他自己的巡抚大旗，一下就把因贫困交加而沦为"贼寇"的饥民们给收服了。阳明不但解决了商船的危机，还对饥民保证说一到赣州，便解决他们的生存问题，"至赣后，即差官抚插"，并劝告他们"各安生理，毋作非为，自取戮灭。"流亡的百姓一听不但不追究他们的罪责，反而要照顾他们，便更对这位巡抚感恩戴德了。

自成化以来，赣、闽、粤、湘四省接壤地带治安状况极为混乱，经常发生山民聚众抢劫过往商人的事件。当地官府因此常派兵搜捕，时间一长，双方敌对更为明显，动乱频仍。为了加强对这一地区的管理和控制，明政府采纳了江西地方政府的提议，设立一个特别行政的巡抚，管辖江西南安、赣州，福建汀州、漳州，广东潮州、惠州、南雄，以及湖广郴州这七府一州地界。时值阳明任巡抚的当头，一共有六股土匪叛乱，首领分别是谢志山、池大鬓、陈曰能、高快马、龚福全、詹师富，各自占据一块地盘，侵扰州县。而谢志山和高快马两股合一，进攻南康、赣州两地，赣县主簿吴玭战死，形势危急。

阳明到任后，细致地分析了当前几次剿匪战役，发现一个意料之外的共同点：似乎每次官府一有举动，对方就早早知晓做好了一切准备工作。他想到必是敌人耳目众多，早在自己身边布下了暗探。阳明经过几次小小的试探，初步确定了身边一位老吏可能是盗匪的重要耳目，甚至可能是卧底头子。于是三更半夜传唤了他来，一吓一问，恩威并施，那老吏就如实招供了。阳明非但没有处分他，反而赦免了他的罪，让他做反间谍工作，暂时仍假当敌军的卧底，暗地给官军提供假情报。如此一来，阳明对盗匪内部的各种情况就有了大致的了解，能知己知彼，自然百战不殆了。

比较而言，势力最大、最难破灭的"山贼"是在江西和广东交界的横水、桶冈、浰头。他决定先易后难，瞄准福建漳南山区，首先平灭以詹师富为首的"山贼"，解除后顾之忧，然后再进剿横水等地。阳明从老吏口中得知衙门口占卜的阴阳先生是对方买通的线人，于是将计就计，施放了一个烟幕弹，让敌人在横水、桶冈一带加紧设防布阵。然后自己星夜兼程，从赣州领兵进驻福建长汀、上杭。漳南山区"山贼"冷不防官军声东击西，纷纷退往福建漳州府南靖县平和乡的象湖山。阳明指挥官军兵分三路进攻。詹师富凭借山势，用滚木头和巨石的方法抗击官军，双方均有死伤。阳明又密遣一支精锐，由间道抄后路夹击"山贼"。詹师富腹背受敌，队伍溃散而逃。最后在朝廷没有发一兵一卒、没有拨一文钱一粒米的情况下取得了重大胜利，詹师富本人也被王阳明的部下生擒。首战告捷！这是南赣汀漳巡抚设置以来从未有过的，阳明在正德十二年五月初八日给朝廷的《闽广捷音疏》中详细记录了整个经过：

于正德十二年正月十八日等各分哨路，从长富村至阔竹洋、新洋、大丰、五雷、大小峰等处与贼交锋。前后大战数合，擒斩首从贼犯黄烨等，共计四百三十二名，俘获贼属一百四十六名口，烧毁房屋四百余间，夺获马牛等项。……卑职与指挥覃桓、县丞纪镛，领兵前去会剿。不意大伞贼徒突出，卑职等奋勇抵战。覃桓、纪镛马陷深泥，与军人易成等七名、兵快李崇静等八名，俱被贼伤身死，卑职亦被戳二枪。……为进兵方略事，备行各职遵奉密谕，佯言犒众退师，俟秋再举。密切部勒诸军，乘懈奋击。依蒙密差义官曾崇秀爪探虚实，乘贼怠弛，会选精兵一千五百名当先，重兵四千二百名继后，分作三路。……贼徒类皆骁勇精悍，犹能凌堑绝谷，超越如飞。复据上层峻险，四面飞打衮木雷石，以死拒敌。我兵奋勇鏖战，自辰至午，呼声震天，撼摇山谷。三司所发奇兵，复从间道鼓噪突登，贼始惊溃大败。我兵乘胜追杀，擒斩大贼首黄猫狸、游四并广东大贼首萧细弟、郭虎等二百九十一名，俘获贼属一百三十三名口；其间坠崖堕壑死者不可胜计。夺回水黄牛、赃银、枪刀等物，烧毁房屋五百余间。……闽广贼首詹师富、温火烧等特险从逆已将十年，党恶聚徒，动以万计。鼠狐得肆跳梁，蛇豕渐无纪极；却剿焚驱，数郡遭其荼毒；转输征调，三省为之骚然。臣等奉行诛剿，三月之内，遂克歼取渠魁；扫荡巢穴，百姓解倒悬之苦，列郡获再生之安。此非朝廷威德，庙堂成算，何以及此！……

在班师途中，阳明受到了当地百姓焚香顶礼的跪拜。回师上杭，正赶上那里久旱不雨，他就暂时驻军，替百姓祈雨。说来也怪，阳明祈雨没多久，还正好下了场雨。百姓一面欢呼，一面觉得不满足，让他再求雨。阳明拗不过，就又求起来，并向上天保证马上班师，不再起刀兵。更令人惊觉的是，天还凑巧又下起了雨。百姓遂以为他是神仙，说他的军队和求来的雨都是及时雨。

回到府衙，阳明转而花心思整治本地居民的治安上，为今后攻打横水、桶岗、浰头三个更为强势的对手打好坚实的后方基础。首先，针对当时做敌方卧底的人多，自己能明眼断定的人少，所以必须想一个两全之策彻底切断本地居民与"山贼"的联系。"因念御外之策，必以治内为先。……访得所属军民之家，多有规图小利，寄住来历不明之人，同为狡伪欺窃之事。甚者私通畬贼，而与之传递消息；窝藏奸宄，而为之盘踞夤缘；盗贼不靖，职此其由。"于是，阳明推行了"十家牌法"。

正月下旬，《十家牌法告谕各府父老子弟》张贴在赣闽粤湘交界府县各地：

本院奉命巡抚是方，惟欲剪除盗贼，安养小民。所限才力短浅，智虑不及；虽挟爱民之心，未有爱民之政；父老子弟，凡可以匡我之不逮，苟有益于民者，皆有以告我，我当商度其可，以次举行……

"十家牌" 的基本样式为：

某县某坊

某人某籍

某人某籍

某人某籍

某人某籍

某人某籍

某人某籍

某人某籍

某人某籍

某人某籍

右甲尾某人

右甲头某人

在所管辖范围内，每十家为一甲，每家每户都是一甲中的一分子。各持一块木牌，照十家牌法的样式写好，十家轮流掌管。每天酉时，当值的一家户主就持这块牌子往其他九家巡视：某家今夜少了某人，往何处，干何事，何日回来；某家今夜多了某人，是何姓名，从何处来，来干何事。巡视完后，连同自家的情况，通告各家。一旦发现可疑，便立即通知官府。如有隐瞒，一旦发现，便十家连坐同罪。

连坐之法为的是"庶居民不敢纵恶，而奸伪无所潜形"，虽然由于四省交界地带实在太过宽泛，具体执行起来未免让百姓们觉得累赘，让负责监督查验的官员们也觉得繁琐拖沓，但阳明深以为只有这样才能确保将来能一举评定内乱。于是，阳明继续下发《案行各分巡道督编十家牌》：

即行各属府县，着落各掌印官，照依颁去牌式，沿街逐巷，挨次编排，务在一月之内了事。该道亦要严加督察，期于着实施行，毋使虚应故事。仍令各将编制过人户姓名造册缴院，以凭查考；非但因事以别勤惰，且将旌罚以示劝惩。

在阳明的执着劲下，十家牌法还真推行了起来。不久阳明继续引入保长制度，与十家牌法联合起来构成保甲法。保甲法一推行，城乡果然安定了许多，小股的"盗贼"吃了亏，也不敢轻易抢村劫巷了。

切断了"通敌"途径，确保了初步安宁，接下来就需要选派一支强有力的军队去剿敌了。然而当时的情况让阳明大为失望。赣州卫额定兵员应有5000人，却逃散殆尽；现在能找到的也仅仅是赣州府的捕快名册里的一半人员。府库空虚，没有一文饷银可以支出。为此，阳明决计挑选本地身强体健的男丁演练成军队。于是，阳明要求四省各分巡道的兵备副使，在所属各县的弩手、打手、机兵、捕快中，挑选"骁勇绝群、胆力出众之士"，八九人到十几人不等；再加上悬赏招募，使江西、福建两兵备道各召五六百人，广东、湖广两兵备道，各召四五百人。从中再优中择优，选为新将官，进行操练。

关于府库饷银问题，阳明瞄准了盐税和商税。在《疏通盐法疏》上，阳明要求朝廷在南安、赣州两地继续行广盐，按十抽一的原例纳税，同时将广盐的行销范围扩大到吉安、临江、袁州三府，并按十抽二的比例交税。关于商税，阳明也要求朝廷整顿南安折梅亭、赣州龟角尾两个税关，在平定当地的民乱之前，留取这些商税作南赣巡抚平乱的军费。既然初战大捷，这些要求也就显得合情合理了，朝廷要想长治久安，解决民患，就不得不一一依允了阳明。

接下来，阳明以这次参加战斗的部队为试点，调整了原有编制：每25人编为一伍，伍有小甲；50人为一队，队有总甲；200人为一哨，哨有哨长，另有协哨二人；400人为一营，营有营官，另有参谋二人；1200人为一阵，阵有偏将；2400人为一军，军有副将、偏将无定员，临事而设。小甲于各伍之中选才力优者为之，总甲于小甲之中选才力优者为之，哨长于千百户义官之中选材识优者为之。

副将可罚偏将，偏将可罚营官，营官可罚哨长，哨长可罚总甲，总甲可罚小甲，小甲可罚伍众。如此编排，目的在于"上下相维，大小相承，如身之使臂，臂之使指，自然举动齐一，治众如寡，庶几有制之兵矣。"编选的队伍中，每 5 人发一牌，牌上写好同伍 25 人的姓名，称之为"伍符"。以此类推，还有"队符""哨符""营符"等。

阳明的下一个目标是横水、桶岗、浰头，为此，他必须拥有直接支配军队的领军权。五月八日，阳明向上递交了《申明赏罚以励人心疏》：

> 今朝廷赏罚之典固未尝不具，但未申明而举行耳。古者赏不逾时，罚不后事。过时而赏，与无赏同；后事而罚，与不罚同。况过时而不赏，后事而不罚，其亦何以齐一人心而作兴士气？是虽使韩、白为将，亦不能有所成。……今使赏罚之典悉从而申明之，其获效亦未必不如是之速也。伏望皇上念盗贼之日炽，哀民生之日蹙；悯地方荼毒之愈甚，痛百姓冤愤之莫伸；特敕兵部俯采下议，特假臣等令旗令牌，使得便宜行事。如是而兵有不精，贼有不灭，臣等亦无以逃其死。夫任不专，权不重，赏罚不行，以至于偾军败事，然后选重臣，假以总制之权而往拯之，纵善其后，已无救于其所失矣。

所谓的"便宜行事"，就是在重要关头，不必奏明朝廷，就可以根据自己意思行动，包括调兵和赏罚，即所谓将在外，君命有所不受。奏疏一上，王琼力挺，皇帝也没办法，即批"王守仁著领提督南、赣、汀、漳等处军务，换敕与他"。从此，阳明彻底掌握了军权，不过这是农历九月份的事了。

兵不厌诈

漳寇虽平，乐昌、龙川等地的流民啸聚尚多，阳明原打算继续发兵围剿，不过他到底是真心爱民的，与过去哄骗朝廷和民众的假招抚不同，他想和平解决而且是真正的解决问题。于是他派人去招抚乐昌、龙川的流民头目，对他们以牛、酒、银、布加以犒赏，然后对他们发布了一份抚谕：

人之所共耻者，莫过于身被为盗贼之名；人心之所共愤者，莫过于身遭劫掠之苦。今使有人骂尔等为盗，尔必愤然而怒；又使人焚尔室庐，劫尔财货，掠尔妻女，尔必怀恨切骨，宁死必报。尔等以是加人，人其有不怨者乎？

人同此心，尔宁独不知？乃必欲为此，其间想亦有不得已者。或是为官府所迫，或是为大户所侵，一时错起念头，误入其中，后遂不敢出。此等苦情，亦甚可悯。然亦皆由尔等悔悟不切耳。

尔等当时去做贼时，是生人寻死路，尚且要去便去。今欲改行从善，是死人求生路，乃反不敢耶？若尔等肯如当初去做贼时拼死出来，求要改行从善，我官府岂有必要杀汝之理？

尔等久习恶毒，忍于杀人，心多猜疑。岂知我上人之心，无故杀一鸡犬尚且不忍，况于人命关天？若轻易杀之，冥冥之中，断有还报，殃祸及于子孙，何苦而必欲为此。

我每为尔等思念及此，辄至于终夜不能安寝，亦无非欲为尔寻一生路。惟是尔等冥顽不化，然后不得已而兴兵，此则非我杀之，乃天杀之也。今谓我全无杀人之心，亦是诳尔；若谓必欲杀尔，又非吾之本心。

尔等今虽从恶，其始同是朝廷赤子。譬如一父母同生十子，八人为善，二人背逆，要害八人；父母之心，须去二人，然后八人得以安生。均之为子，父母之心，何故必欲偏杀二子，不得已也。

吾于尔等，亦正如此。若此二子者，一旦悔恶迁善，号泣投诚，为父母者，亦必哀悯而赦之。何者？不忍杀其子者，乃父母之本心也。今得遂其本心，何喜何幸如之；吾于尔等，亦正如此。

闻尔等为贼，所得苦亦不多，其间尚有衣食不充者。何不以尔为贼之勤苦精力，而用之于耕农，运之于商贾；可以坐致饶富，而安享逸乐，放心纵意，游观城市之中，优游田野之内。岂如今日，出则畏官避仇，入则防诛惧剿，潜形遁迹，忧苦终身，卒之身灭家破，妻子戮辱，亦有何好乎？

尔等若能听吾言，改行从善，吾即视尔为良民，更不追尔旧恶。若习性已成，难更改动，亦由尔等任意为之。吾南调两广之狼达，西调湖湘之士兵，亲率大军，围尔巢穴，一年不尽，至于两年；两年不尽，至于三年。尔之财力有限，吾之兵粮无穷，纵尔等皆为有翼之虎，谅亦不能逃于天地之外矣。

呜呼！民吾同胞，尔等皆吾赤子，吾终不能抚恤尔等，而至于杀尔，痛哉！痛哉！兴言至此，不觉泪下。

那些流民哪里见过如此赤诚忠义、如此感人肺腑又如此威逼利诱的安抚通文，流民头目金巢、卢珂等被深深打动，立马率本部人马前去投诚，愿以死报效。他们后来还真参加了剿匪战斗，尤其是卢珂，破池大鬔时立了功，后来阳明还保举他做了官。那些不肯受降的部队，也被这份下谕搅得人心不稳，思想动摇，精神涣散，且疑且惧，斗志瓦解。

王阳明仔细分析了当时的形势，确定了先取横水，再平桶岗，最后攻三浰的进兵计划。这次他还是沿用之前那个套路，明令攻桶岗，暗中取横水。十月初七日，阳明秘密调动部队，部署了几支小分队，从各个方向向横水进兵。

十月十二日黎明，官军在蒙蒙雾雨的掩护下，突袭了横水的流民。首领谢志珊之前还以为官军要攻打桶岗，所以预防工作大为松懈，猛然间在睡梦中被惊醒，便只得急忙忙组织抵抗。等到来到山头准备奋力反击时，阳明事先安插在横水附近高山绝壁上的一些山民樵夫全都摇旗擂鼓呐喊起来。流民大惊，误以为官军已经攻占了各处要隘，顷刻间作鸟兽散，谢志珊利用地形逃奔到桶岗去了。"至十一月己巳，凡破贼巢五十余，擒斩大贼首五十六，从贼首级二千一百六十八，俘获贼属二千三百二十四。"

首领蓝廷凤率领的桶岗部队原先被那份安抚文书搅得短了三分士气，谢志珊却坚信这是王阳明在诱降，一定不能上当，两人在降与不降间争执不下。谁知道，内部意见还没来得及统一，王阳明的部下伍文定等，却在又一个雨中的黎明率部队偷袭到他们的洞口了。"破巢三十余，擒斩大贼首蓝天凤等三十四，从贼首级一千一百四，俘获贼属二千三百。"几场战斗下来，阳明在土匪中落下了"多诈"的名声。

谢志珊被擒，阳明很想看一看与他对阵的敌军首领，就让人带了他来问道："你占山为王，对抗朝廷，罪不容诛。但能有如此多的同党为你卖命，倒也不失为英雄。不知你所用何术?"谢志珊道:"也不容易啊。"阳明问道怎么讲。谢志珊说:"平生见世上好汉,绝不轻易放过,必定想方设法进行网罗。要么让他纵酒,要么助他于危难之间。有福同享,有难同当,坦诚相待。这样,他们无不应从。"阳明听了,大有志同道合之感。

这年十二月,王阳明班师,百姓沿途顶香迎拜,所经州、县、隘、所,各立生祠以怀念阳明先生。现在,只剩下浰头这个"山贼"的据点了,也是势力最强、攻取最为不易的一个流民团伙。前有横水、桶岗两场败仗的教训,池大鬓对王阳明的劝降这一招已经起了戒备之心。

池大鬓一面派弟弟前去说自己愿意投降,一面以"已经投降的卢珂等人是我的仇人,一定不会放过我"为借口加强战备。王阳明假意解散卢珂的部队,暗中却命令卢珂的弟弟结集兵马,以防不时之需。

过年时,王阳明设花灯庆祝,并派人给池大鬓等人送去大明历法,表示希望他们像常人一样生活,并邀请他们来观灯。池大鬓在众人的劝说下,相信了王阳明的诚意,便领着93个小头目来见王阳明。阳明派人将他们领到早已布置好的祥符宫,一干人见厅堂整洁堂皇,喜出望外。阳明给他们青衣油靴,教他们演习礼乐,以此来察看他们的心志意向。最后他确认这些人终究是贪婪残忍之徒,难以教化,而且百姓们又时常劝说官军不要"养虎贻患",经过一番斟酌,阳明下定了杀心。关于这次被后世称为"祥符宫之变"的暗杀,历史上有多种表述,《明史·王守仁传》这样记载暗杀经过:

> 正月三日大享,伏甲士于门,诸贼入,以次悉擒戮之。自将抵贼巢,连破上、中、下三浰,斩馘二千有奇。余贼奔九连山。山横亘数百里,陡绝不可攻。乃简壮士七百人衣贼衣,奔崖下,贼招之上。官军进攻,内外合击,擒斩无遗。"

年谱中的记载是:

> 逾日辞归,先生曰:"自此至三浰八九日,今即往,岁内未必至家;即至,

又当走拜正节，徒自取劳苦耳。闻赣州今岁有灯，曷以正月归乎?"数日，复辞，先生曰:"正节尚未犒赏，奈何?"初二日，令有司大烹于官，以次日宴。是夕，令龙光潜入甲士，诘旦，尽歼之。先生自惜终不能化，日已过未刻，不食，大脑晕，呕吐。

这里面不同的主要是时间，前者说是白天，是用鸿门宴的方式明杀，后者说是半夜，趁熟睡之机进行暗杀，阳明自己在写给皇帝的《浰头捷音疏》中采用的也是前者。但从官军丝毫没有损伤一兵一卒的情况来看，后者的事实可能性更大，因为此前凡官军有损伤，阳明也照例上报不误，这一次面对 94 个流民首领，竟能如此顺利，便可猜出是夜间暗杀。

对于这件事，阳明事后还是觉得有点不忍心的，所以才晕眩呕吐不止，后人批判王阳明，也时常抓着这个辫子，说他处事不光明磊落。不过，人非圣贤，又孰能无过呢。事情既然已经发生了，还是看结果吧，至少到了正德十三年（1518年）四月，整个南、赣、汀、漳、潮、惠、韶地区大抵平静了，百姓开始过上了安定的生活。

破心中贼

山中贼是灭了，如何对闽、粤、湘、赣四省交界地区进行有效的管理，从而确保百姓长久安宁，是阳明思考的下一个问题。正德十二年（1517 年）闰十二月，也就是平定横水、桶岗两地的流民后，阳明向朝廷上疏，请求设立崇义县治，及茶寮隘上堡、铅厂、长龙三个巡检司:

> 横水、左溪、桶冈（岗）诸贼巢凡八十余，界乎上犹、大庾、南康之中，四方相距各三百余里，号令不及，以故为贼所据。今幸削平，必建立县治，以示控制。议割上犹、崇议等三里，大庾、义安三里，南康、至坪一里，而特设县治于横水，道里适均，山水合抱，土地平坦。仍设三巡检司以遏要害。

茶陵（寮）复当桶冈（岗）之中，西通桂阳、桂东，南连仁化。乐昌，北接龙泉、永新，东入万安、兴国，宜设隘保障。令千户孟俊伐木立栅，移皮袍洞隘兵，而益以邻近隘夫守焉。

正德十三年（1518年）五月，池大鬓一干流民消灭后，阳明再次请求设治和平县。和平县治设在原广东龙川县和平峒羊子地，为闽粤赣三省交汇处，也是三省"山贼"的出入要道，其中山水环抱，土地坦平，人烟辏集，千有余家。东距兴宁、南距龙川、北距龙南，都有几天路程。因山水阻隔，道路崎岖，导致人迹罕至。洪武时期，曾有谢士真等人占据此地。此后屡平屡乱，不可收拾。阳明认为"宜乘时修复县治，以严控制；改和平巡检司于浰头，以遏要害。"对于这样的长治久安之计，朝廷哪有不允之理。

从正德十二年正月至十三年六月，阳明仅仅用一年半的时间，便彻底消除了为患几十年的"流民之乱"，朝廷要再不表示表示那就实在说不过去了。于是，升阳明为都察院右副都御史，正三品官。同时荫养子正宪为锦衣卫，世袭百户。阳明却上书推辞道：

> 朝廷念民命之颠危，虑臣力之薄劣，本兵议假臣以赏罚，则从之；议给臣以旗牌，则从之；议改臣以提督，则从之；授之方略，而不拘以制；责其成功，而不限以时；由是臣得以伸缩如志，举动自由，一鼓而破横水，再鼓而灭桶冈（岗）。振旅复举，又一鼓而破三浰，再鼓而下九连。皆本兵之议，朝廷之断也。臣亦何功之有，而敢冒承其赏乎？

这一番话把自己的功劳全归到当局，说是朝廷给了他一次又一次信任，一个又一个大的权利，才得以获此成功，自己是没有任何功劳的。尽管这番话说得很艺术，很合正德皇帝的胃口，但辞奖赏的事倒没被准许。

既受祖父深远的影响，阳明的确对功名利禄不是特别热衷，倒是一心维系这民生艰难。他认为，流民之乱虽已解除，但本地民风不善却是不争的事实。阳明认为，民风不善主要是因为教化未明，也就是心中贼在作祟。为此，他采取了一系列措施"破心中贼"。

首先，于正德十三年四月，立社学。他发了一份告谕，"发南、赣所属各县父老子弟，互相诫勉，兴立社学，延师教子，歌诗习礼。"

告谕针对当时乡风奢靡的五件事情，做了一一规范，以此为切入点在南安、赣州二府移风易俗、进行社会改革。一是丧事不得用鼓乐，不得请和尚道士做佛事，不得大肆请客，"费财于无用之地，而俭于其亲之身，投之水火，亦独何心"！二是病者宜求医药，不得听信邪术，专事巫术祷告。三是嫁娶根据家庭经济状况丰俭适度，不得计较财礼嫁妆多寡，不得大会宾客，连摆几天酒食。四是亲戚邻里间"惟贵诚心实礼，不得徒师虚文，为送节等名目，奢靡相尚"。五是街市村坊，不得迎神赛会，参加者百千成群，既浪费钱财，又容易引起械斗。而且用十家牌法来相互制约，敦促实际成效。

这年十月，阳明又推行了旨在进行全面社会改革的《南赣乡约》，"尔父老子弟所以训诲戒饬于家庭者不早，熏陶渐染于里者无素，诱掖奖劝之不行，连属叶和之无具，又或愤怨相激，狡伪相残，故遂使之靡然日流于恶，则我有司与尔父老子弟皆宜分受其责。"《南赣乡约》共十五条。第一，以一村或一族为一"约"，每约推举一德高望重者为约长、二人为副约长，推举公直果断者四人为约正，通达明察者四人为约史，精健廉干者四人为知约，礼仪习熟者二人为约赞。又设文簿三册，一册书写同约居民的姓名和他的每天起居作习情况，另外二册分别用来彰善和纠过；第二，同约之人每月一次聚会，每人出银三分，上缴知约，用来准备饮食之事，以免于饥渴即可，不准奢靡浪费；第三，会期若有病而不能参加者，必须提前派人报知；无故不赴者，记过一次，罚银一两充公；第四，每月十五日选择当地较为宽大的一所寺观为立约所，先由约长带领人们读乡约，要求孝敬父母、尊重兄长、教训子弟、和睦乡里、死丧相助、患难相恤、善相劝勉、恶相告诚、息讼罢争、讲究信誉等等。然后由约史宣告当月为善为恶者的事迹，为善者褒奖，为恶者劝诚，如屡有过恶而不改者，则送官府查办；第五，一旦约中有人陷于危难，约长应当会同本约之人帮助排危解难……其他还有关于土著居民和"新民"即外来流民之间的矛盾解决；本地大户和过境商人放债收息的基本要求；丧葬婚嫁等民风民俗的简朴化；对府州县吏员及义民、总甲、里老、百长、弓兵、机快人等下乡骚扰百姓、索求财物时的对抗之法等等。

　　"乡约"是邻里乡人互相劝勉共同遵守，以相互协助救济为目的的一种制度。通过乡民受约、自约和互约来保障乡土社会成员的共同生活和共同进步是一个理想。乡约发展千年来，时至今日，最为著名、影响最为深远的，当属王阳明的这个《南赣乡约》，成为很多研究者感兴趣的第一手材料。学者王金洪、郭正林先生认为，这主要是因为王阳明把乡里体制、保甲制度同乡规民约结合起来，构建了一个集政治、军事、教育等诸多功能于一体的乡村社区共同体，形成了一套较前人更完备的乡村基层控制体系。从思想倾向来看，王阳明的乡村治理思想是儒家道德理想主义同民本思想和王权专制主义相结合的复杂混合体；从实践特性来看，王阳明的乡村治理措施具有宽猛相济、恩威并用的特点，地方官僚在乡村治理中具有主导地位。这种希图通过民众自治以达到社会稳定的办法，对当时社会稳定、乡民民风建设起到了非常积极的作用。到明嘉靖年间（1522—1566 年），朝廷推广王阳明这一乡约之法，"部檄天下，举行乡约，大抵增损王文成公之教"。

　　与此同时，阳明发现"赣州社学乡馆，教读贤否，尚多淆杂；是以诗礼之教，久已施行；而淳厚之俗，未见兴起"，于是，他把兴办社学、教化乡民，作为乡村治理的一个重要环节，下工夫和气力来抓。阳明效法前任南安知府张弼的做法，将境内淫祠中所供的鬼神塑像统统拆除，改建成社学学校，然后以提督军务兼理巡抚的身份，行牌福建布政司，礼聘福建市舶司副提举舒芬来赣州主持办学。

　　不仅如此，阳明自己还对儿童教育极为重视，亲自写了一个《训蒙大意》，发给儿童教读老师刘伯颂等人，提出了他对教育方针和方法的意见。主要内容如下：

训蒙大意示教读刘伯颂等

　　古之教者，教以人伦。后世记诵辞章之习起，而先王之教亡。今教童子，惟当以孝弟忠信礼义廉耻为专务。其栽培涵养之方，则宜诱之歌诗以发其意志，导之习礼以肃其威仪，讽之读书以开其知觉。今人往往以歌诗习礼为不切时务，此皆末俗庸鄙之见，乌足以知古人立教之意哉！

　　大抵童子之情，乐嬉游而惮拘检，如草木之始萌芽，舒畅之则条达，摧挠之则衰痿。今教童子，必使其趋向鼓舞，中心喜悦，则其进自不能已。譬之时雨春风，碧被卉木，莫不萌动发越，自然日长月化；若冰霜剥落，则生意萧索，日就枯槁矣。故凡诱之歌诗者，非但发其志意而已，亦以泄其跳号呼啸于泳歌，宣其幽抑结滞于音节也；导之习礼者，非但肃其威仪而已，亦所以周旋揖让而动荡其血脉，拜起屈伸而固束其筋骸也；讽之读书者，非但开其知觉而已，亦所以沈潜反复而存其心，抑扬讽诵以宣其志也。凡此皆所以顺导其志意；调理其性情，潜消其鄙吝，默化其粗顽，日使之渐于礼义而不苦其难，入于中和而不知其故。是盖先王立教之微意也。

若近世之训蒙稚者，日惟督以句读课仿，责其检束，而不知导之以礼，求其聪明，而不知养之以善；鞭挞绳缚，若持拘囚。彼视学舍如图狱而不肯入，视师长如寇仇而不俗见，窥避掩覆以遂其嬉游，设诈饰诡以肆其顽鄙，偷薄庸劣，日趋下流。是盖驱之于恶而求其为善也，何可得乎？

这里面，可以看出阳明作为教育大家的思想光辉：

首先，王阳明揭露和批判了传统儿童教育不顾儿童身心特点而采取"小大人式"的教学方法，他认为这样做往往适得其反，学生常常借故逃学，久而久之，只会荒废学业。其次，他认为，儿童教育必须顺应儿童的年龄、性情和心理特征进行，循序渐进，激发兴趣，而不是强制就范，扼杀个性。再次，在儿童教育的内容方面，他强调对孩子们进行歌诗，习礼和读书教育，目的是为了培养儿童的意志，调理他们的性情，希望在潜移默化中消除其鄙吝，化除其粗顽；接着再使他们养成德行，发展智力，让他们成为合格的社会成员和人才。第四，他认为儿童教学的内容不能过多，这样就可以使儿童有精神和时间去温习和读熟他们所学过的知识，同时又可以避免他们因一时间读不懂而厌学。最后，阳明打破了传统教学和社学的个别教学形式，将儿童组织起来分班教学，使学习和观摩相结合，班与班之间和校与校之间都展开竞赛和评比，既可以活跃气氛，又可以培养集体荣誉感，同时还可以扩大学生之间的交往联系，这一点对后世的教学产生了深远的影响。当然，阳明的儿童教育思想中最为宝贵的是，他充分认识到儿童心理状态的重要性，提请老师的教导应该与学生的思维能力和学习状态相适应。

对于老师，王阳明也是相当尊重的。他要求各地应当对教师礼貌优待，解决教师的薪米纸笔之需，各地官员应时时对教师进行勉励，让他们尽心教导。在阳明的大力倡导和督促下，南安、赣州二府各地的社学次第恢复或兴建了起来，尤其对后世江西的教育，产生了深远的影响。

宸濠叛乱

南赣这一面，阳明积极立乡约、兴社学、行教化，全体官民可谓其乐也融融；朝廷那一面，却愁云惨雾，酝酿着一场可能颠覆江山的阴谋，事件的主角是宁王朱宸濠。

当年，明太祖朱元璋打江山时因自己的儿子朱标年幼，便收养了许多义子，登基后，他分三批把除了太子朱标和夭亡的儿子朱楠以外的 24 个儿子，全都分封为王，其中朱权被封为宁王，封地在大宁（今内蒙古自治区宁城县）一带，是北边非常有实力的塞王，号称"带甲八万，革车六千"。燕王朱棣起兵"靖难"时，朱权和他的部队成了朱棣夺取皇位的重要力量。朱棣为笼络宁王，承诺将来平分天下。当然，最后宁王什么都没有得到，反而被迁到了南昌，后来还被削除了护卫。

朱宸濠是朱权的嫡曾孙，出生于成化十三年（1477 年），这时候，宁王府已今非昔比。不过相比正德皇帝的荒唐无德，他还算是个略通文墨的宗室子弟，所以，他自己相信如果能做皇帝，那肯定比正德皇帝强。术士李自然和李日芳窥见了他的心机，便一再蛊惑宁王，使他相信自己是龙姿凤表，有天子之相，再加上祖上曾有这么一段恩怨是非，因此也就想入非非了。但当时的宁王府已经没有半点武装力量，为此，朱宸濠的当务之急便是谋求恢复宁王府的护卫。太监刘瑾专权时，朱宸濠用金银二万贿通，终于把明王朝南昌左卫改为宁王府的护卫，没曾想，刘瑾很快自取灭亡了。朱宸濠于是更加变本加厉，收买当时的兵部尚书，把财宝源源不断地运往北京，让正德皇帝宠爱的一个伶人臧贤代他四处游说王公大臣，可偏遭到了内阁大学士费宏的阻挠。后来朱宸濠借机进谗，陷害费宏，费宏被迫辞职。恢复护卫终于得偿心愿，朱宸濠加紧千方百计讨好正德皇帝，进献了很多奇珍异宝，引导皇帝游乐，削弱对自己的提防之心。朱宸濠既有了护卫，又仗着自己在朝中收买了很多王公大臣，在南昌便无恶不作。他擅自杀戮地方官吏，霸占百姓田宅，强夺良家妇女，搞得地方上鸡犬不宁。地方官屡屡向朝廷申告朱宸濠的各种不法行为，但正德皇帝并不放在心上。然而这一切却时刻揪紧了巡抚南赣、心系朝廷的王阳明的心。

有了前几次赫赫战功和越传越神的用兵神话，王阳明便成了朱宸濠最忌怕的对象。于是便派刘养正前去试探拉拢。阳明早知对方来意，便逮着刘养正说宁王很想投入门下求学的话把开玩笑。不过玩笑归玩笑，直接拒绝显然是不妥当的。于是便让膝下得意门生冀元亨前去宁王府传授王学。

冀元亨是湖广武陵人，阳明贬谪龙场时，他和蒋信不避艰险前去拜师。除了徐爱、朱节、蔡宗兖三人，冀元亨和蒋信可算是王门最早的入室弟子了。阳明从龙场东归当庐陵知县时，冀元亨又追随到庐陵。冀元亨后来参加湖广乡试，面对"格物致知"的考题，没有按照朱熹的学说，而是根据王阳明的观点来作答，没想到竟被录取了。阳明任赣州巡抚时，冀元亨也跟着到了赣州，成为王门弟子的"接引师"，后来还主讲于濂溪书院。

冀元亨去宁王府一来是解老师被缠的困局，二来是打探宁王府的动静。回来后，他向王阳明如实汇报了一切，阳明更坚定了宁王必反的看法，于是暗暗做好了心理准备。

正德十四年（1519年）正月，朝廷"以（阳明）三浰、九连功荫子锦衣卫，世袭副千户"，阳明自觉"荫子实非常典，私心终有未安；疾病已缠，图报无日"，于是就上疏请求撤销荫子一事，未获批准。同时，又上疏请辞归家，一来自己身体一直不好，需要稍事休息，二来年已百岁的祖母病危，自己"日夜痛苦，方寸已乱"。奏折上到朝廷，其他人都出于各种目的希望阳明回老家"颐养天年"越早越好，但阳明毕竟掌握着军权，兵部尚书王琼是最终决定他去留的人。这时，福建军士煽动兵变，王琼以此为由，驳回了吏部的意见，同时以兵部的名义上奏让阳明去福建处理兵变，并且继续扩大阳明的军权，把福建的兵马也归他调配。

正德十四年六月十三日是宁王的生日，宁王正在府上宴请驻南昌的镇守、巡抚及三司官员，突然有京城来的秘报说朝廷正派钦差来抓捕他押解进京。在谋士刘养正的策动下，宁王决定明日即刻起兵。第二天，昨天赴宴的官员前来谢宴，朱宸濠趁机要挟，声称自己奉了皇太后的密旨要起兵入朝。一众官员没想到，宁王竟然会有这么一招，巡抚都御史孙燧大喝要宁王拿出太后懿旨来看。宁王早料到这个都御史不好对付，于是反问道："太后有密旨，令我起兵监国，你保驾否？"孙燧大义凛然地回答："天无二日，民无二王，此是大义，不知其他。"孙燧被绑后，按察司副使许逵大骂："朝廷所遣大臣，反贼敢擅杀耶！"可悲的是，两人双双被杀。其余一众除了布政司参议黄弘和主事马思聪奋力抗争力竭而死外，都迫于自己的性命而向宁王"投诚"，并立马高呼万岁，其中就有随着阳明东征西讨战功卓著而升为按察使的杨璋。朱宸濠还当即为他们封了官，并决定正式起兵。

这时候的阳明正乘坐官船北上，要往福建处置兵变事宜。六月十五日，船行至丰城，阳明获知了宁王起兵的确切消息。阳明揣度着宸濠很有可能沿赣江截杀于他，但丰城地方狭小，兵马粮饷又不够充足，于是决定改变行程，返回吉安。时值南风阵阵，船因逆了风向一直不得前进，阳明焚香拜泣告天道："天若哀悯生灵，许我匡扶社稷，就请立即把风向变一变吧。如果您宁愿看着天下黎民苍生遭此劫难，那我阳明也此生无望了！"没想到，眨眼的工夫，南风渐止，北风尽起，于是顺利渡江。

面对皇室内讧，朝廷官员都有着两难选择，一个不小心就会招致杀身之祸。燕王"靖难"反而成了著名的永乐皇帝，当年力保皇帝而反对燕王的人都灭了九族。这次宁王造反，也有很多官员举棋不定，有的甚至投奔了他，准备做"开国元勋"。然而，王阳明却不假思索地回师平叛，大有年少青春时期的毅然决绝。

吉安知府伍文定听说宁王谋反、阳明回师，急忙带上三百士卒，沿赣江与阳明汇合，一道进驻吉安。船行途中，阳明和他的谋士研究了宸濠的处境，分析出这位反王的上中下三策，上策便是直取京师，中策是取南都城南京，下策是盘踞南昌。而不管是取北京还是南京，都对将来的平定大计造成相当大的困难。为今之计，拖延时间成为首要任务。

阳明到了吉安后，一面积极备战，调配军粮，修治器械，然后发出讨贼檄文，公布宁王罪状，要求各地起兵勤王，以此招募义军。另一面，连续写了几份假文书，虚张声势，混淆宸濠的视听。其一说奉朝廷密旨，已经预知宸濠谋反，如今，巡抚两广都御史杨旦、巡抚湖广都御史秦金，南北两京兵部等都已分别待命，专等宁王部队开到，一举拿下。其二是假冒的南赣汀赣巡抚属下的南雄、南安、赣州等府调兵的报帖。其三是迎接京师到来的假文书。这还不够，阳明还用上了反间计，利用假书信——给宸濠的参谋刘养正和李士实写了回信。这些措施，果然起到了拖延时间的作用，为作战赢得了宝贵的时机。

同时，阳明于六月十九日和二十一日先后上疏两次，言宁王反事，并乘机开导正德皇帝：您在位十四年，屡经变难，民心骚动，还巡游不已！当今想夺权的岂止一个宁王？"伏望皇上痛自克责，易辙改弦。罢出奸谀，以回天下豪杰之心；绝迹巡游，以杜天下奸雄之望。"

宁王被阳明搅乱判断后，在半个月时间内都不知所措，没有发兵攻南京。阳明便利用时机做好了防守南京的准备。终于，六月底，宁王率众十万，夺运船而下，袭南康，占九江，积极准备围攻安庆。官军为求自保，纷纷逃遁，叛军一无所阻。七月初一，宸濠留儿子宜春王和王府宦官等人守南昌，自己率"贼众六万人，号十万，以刘吉为监军，王纶参赞军务，指挥葛江为伪都督，总一百四十余队，分五哨"，直扑安庆。

此时，官军如何作战，内部意见不一，有人指出应该急救安庆，阳明认真分析形势，最后决策应该打南昌，端其老巢。因为安庆久攻不下，宁王精锐已出，南昌必虚。如果官军越过南昌跨江救援安庆，就会腹背受敌。趁着现在南昌空虚，官军锐气正盛，正可以一举攻破。官军一攻南昌，宁王必回兵来救，而那时南昌已克，叛贼只有无家可归、唉声叹气的份了，而这时官军再在鄱阳湖迎击士气大减的宁王，肯定能取得胜利。于是，七月十九日深夜，伍文定带着先头部队抵达南昌广润门外，二十日黎明开始攻城，阳明亲自督战，并下令："一鼓附城，二鼓登，三鼓不登诛，四鼓不登斩其队将。"于是，以鼓为号，全力进军，一鼓作气拿下南昌。不曾想，将士们有杀掠百姓宗室的行为，阳明斩杀了十几个犯令的，才稳住了局势。同时，阳明开粮仓救济军民，安慰宗室人员，所有加入叛军队伍的协从人员只要自首，一律不问斩。南昌的民心就这样自然归向了他。

这时候，宸濠派遣的精锐正回师南昌，与阳明部队前锋伍文定在鄱阳湖小战了一场，且取得了胜利。在南昌的阳明闻报，立即派诸将分五路在黄家渡，并让伍文定、佘恩两路分兵挺进，并佯装败逃，另三路两边设伏。一交战，宁王大军很快腹背受敌，被分割成几部分，大败一场，溃逃退守八字脑地区。

宁王看局势不妙，急忙调九江南康的精锐部队出击，王阳明派几路大军迎战取南康。这一仗打得很激烈，是关键的一战。官军一度退却，王阳明立即斩杀了后退的人，命令诸军死战。终于打败了敌人，敌军退保樵舍地区，将大船结成方阵，宁王拿出金银珠宝犒赏将士，要求再努力一搏。

王阳明的战略决策是火攻。他早早地命人准备了火攻的应需之物，下令让队伍从两翼放火，然后火起兵合，围而歼之。七月二十六日宸濠"早朝"，忽听周围船上一片吵闹之声，值班武士手持一块木板进来回禀。宸濠见木板正面赫然写着三个字："免死牌"，反面写着一行小字："宸濠叛逆，罪不容诛；胁从人等，有手持此板、弃暗投明者，既往不咎。"原来是王阳明用这一方法扰乱叛军军心，让兵士们弃暗投明。宸濠正在绝望中，阳明大军已经四面围定，火、炮齐发，宁王的方阵七零八落，溃不成军。宁王与诸嫔妃抱头痛哭，然后王妃娄氏——阳明亦师亦友的好朋友娄谅之女，率一帮女眷纷纷跳水自尽。宁王和他的世子、"宰相""元帅"等数百人悉数被活捉。《明史纪事本末·宸濠之叛》载："斩擒贼党三千余级，溺水死者约三万。弃其衣甲器仗财物，与浮尸积聚，横亘若洲。"

年谱中记载当时发生的事情把王阳明谈笑鸿儒运筹帷幄的形象刻画得栩栩如生：

先生入城，日坐都察院，开中门，令可见前后。对士友论学不辍。报至，即登堂遣之。有言伍（文定）焚须状，暂如侧席，遣牌斩之。还坐，众咸色怖惊问。先生曰："适闻对敌小却，此兵家常事，不足介意。"后闻濠已擒，问故行赏讫，还坐，咸色喜惊问。先生曰："适闻宁王已擒，想不伪，但伤死者众耳。"理前语如常。旁观者服其学。

年谱说，忽有人报伍文定的胡子被战火烧着了，队伍也在退却，阳明却平静地认为是兵家常事，并从容下令斩退却之人以稳军心；再有人忽报宸濠被擒，阳明也淡定如常，惋惜死伤太多了——旁观者哪还有不叹服的份：心学大师，心不动如山！

这次战役，王阳明最初的拖延战术和反间计运用得很成功，后来又确定先打南昌，做到了反客为主，使宁王陷于被动，取南康之战是硬碰硬，所谓狭路相逢勇者胜，火攻计简直就是陆伯言再现，也非常成功。阳明后来在《鄱阳战捷》一诗中也免不了踌躇满志，以平定安史之乱的郭子仪自比：

> 甲马秋惊鼓角风，旌旗晓拂阵云红。
> 勤王敢在汾淮后，恋阙真随江汉东。
> 群丑漫劳同吠犬，九重端合是飞龙。
> 涓埃未遂酬沧海，病懒先须伴赤松。

关于阳明谈笑间破宸濠大军的传说还有很多，特别是用反间计一说众说纷纭，因为阳明无论上疏朝廷，还是私下记事讲述，都闭口不谈用谋之事。阳明的弟子钱德洪根据当事人龙光等人的追述，写了一篇《平濠记》，说：

> 按先生有言，孔子修《春秋》，于凡阴谋诡计之事，皆削之以杜奸。故平藩用间，不形于奏，不宣于语，门弟子皆不闻，亦斯意焉。然不著其颠尾，后世将不知反掌取濠之故。虽有忠诚体国之士，或临事而易视，惟观其成功者如是，则一切谋计，皆所以济其忠诚，在他人为阴诡者，在先生为变化，随时而有以发体国之智慧，虽存之以杜奸，未为不合也。

更富戏剧性或者说悲剧性的还在后文。

正德皇帝收到朱宸濠叛乱的消息后，不但不担忧反而喜形于色，原来他除了玩乐外，还有一个嗜好，就是打仗。他曾多次巡游北方边防重镇，也曾率领军队小胜过鞑靼兵，还自己封自己做"威武大将军镇国公太师总兵官"，还把名字改作了朱寿。叛乱消息一到，正德皇帝立马决定御驾亲征，趁机还可以到江南游玩。他让司礼监传旨："宸濠谋反，上逆天道，下悖祖宗，着令总督军务威武大将军镇国公朱寿统领各镇军马，前往征剿。命安边伯朱泰为威武副将军、前部先锋。"还真于八月二十日率大军浩浩荡荡离开京师，然而第二天，阳明的报捷文书便到了京师，于是，朝中据守大臣赶紧派人去把皇帝给劝回来。

朱厚照一听阳明平乱大捷的消息，反而恨得牙痒痒，因为这简直可恶，害得他威武大将军无用武之地了。而这时节，曾被宁王用大价钱贿赂的皇帝身边的小人们，就趁机惑乱，诬陷王阳明与宁王有勾结，因为怕造反不成，才起兵打宁王。同时又怂恿皇帝命令王阳明，让他把宁王放到湖中，让皇帝自己来抓。皇帝想到王阳明、冀元亨与刘养正互有往来，便信了。

阳明此时在南昌度日如年，冒着灭门之祸的危险，辛辛苦苦平定了宸濠，却让皇帝怀疑自己暗通叛军。经过多方查探，阳明终于得到确切消息，皇帝派遣的先头部队张忠等人将沿长江直扑南昌，而张永等人则沿运河进据杭州。王阳明深知局势复杂，一步走错就会被人陷害。同时，他怜惜江西百姓，怕皇帝的京军入境骚扰，便带着宁王，从小路奔玉山，上书给皇帝，要亲自献俘。皇帝当然不允许，他认准了死理要自己抓。阳明没办法，只好在张忠、张永两人身上谋求突破。经过权衡再三，阳明认为还是大太监张永相对较为可信，且较为顾全大局，于是阳明赶到钱塘。张永是个好太监，权力也比较大，能制住皇帝身边的几位小人。王阳明说明了情况，张永表示理解，但又表示皇帝的脾气拗不得，得想变通的办法，京兵不进南昌也是不可能的。王阳明便把宁王交给张永暂时看管，打算自己去见皇帝，但皇帝传令让他巡抚南昌，于是只好转道回南昌去了。

阳明刚到南昌，张忠、许泰（也就是前面皇帝下令提到的威武副将军朱泰）等已率众抵达南昌。他们正因阳明没有将宁王交给他们而恼恨于他，就怂恿士兵跟阳明捣乱，甚至指着鼻子骂。阳明只好忍气吞声，努力和御林军搞好关系，给因为水土不服的军士有病的看病，死了的办理后事，直到后来以真诚感动他们，觉得"王都堂爱我"，就不再跟王阳明捣乱。

张忠、许泰等原想在南昌和宁王府拿些金银珠宝用用，没想到都被宁王贿赂到京师去了，只好向阳明公开索贿，因阳明要查宁王行贿的账本才作罢。阳明知道京军长住南昌不是个事，得想办法解决，思前想后，终于得了妙计：战争后南昌城家家都有因战事而死的人，冬至那天，阳明命令全城百姓在巷道里哭祭，然后去上坟。一霎时城里哭声震天，离家日久的京军们都思念起家乡来了，也跟着大哭。张忠、许泰等不得已下令班师，离开南昌。

张忠、许泰等回到皇帝身边后，继续造王阳明的谣。他们在南昌调查出阳明与宁王勾结的证据有：宁王曾私书"王守仁亦好"，湖口一知县可以作证；阳明还曾派弟子冀元亨去见宸濠；阳明原意也是因庆贺宸濠生日才会在丰城；阳明起兵是因伍文定等人的激励；破城之时纵兵焚掠，杀人太多；捉宸濠一个知县即可，阳明的捷报过于把自己的功劳夸大等等。幸亏张永认为"王都御史忠臣为国，现在他们这样害他，将来朝廷再有事，还怎么教臣子尽忠?"于是，想尽办法保护。皇帝听说王阳明是个修道之人，这时候也正在九华山的庙里呆着，想来是不可能造反的，才最终相信了他的清白。但皇帝终归是没有过了打仗的瘾，心里不痛快，最后拉下脸让王阳明重写奏章，说打败宁王是出于皇帝的方略，而且打仗时张忠、许泰等人都立了功。阳明也真诚地把皇帝等人吹捧了一番，给足了他们面子，这样才促使京军"班师得胜"而回朝，宁王朱宸濠在途中被处死。然而，阳明也为此付出了代价，他的得意弟子冀元亨蒙受不白之冤几年后身死冤狱。阳明为给冀元亨平反，呼号数年，全然无用。其悲愤之状，可以想象。

不久，荒唐皇帝明武宗驾崩，嘉靖皇帝明世宗继位。阳明因平宸濠而带来的灾难还没算正式结束。世宗知道阳明先生立了大功，挽救了明朝天下，决定认真地封赏。但阳明把自己的成功，归功于"伯乐"兵部尚书王琼的提拔，这就招致一向与王琼有矛盾的大学士杨廷和的不满和嫉恨。因为，皇帝如果让王琼和王阳明再往上走的话，他杨廷和的地位就不保了。为此，王阳明应得的封赏没有得到，最后只被晋升为南京兵部尚书。再后来，朝廷又议封爵，明世宗特进阳明为光禄大夫、柱国、新建伯，世袭，岁禄一千石，然而应有的铁券和岁禄都没给。

最让阳明耿耿于怀的是，曾跟着他一起打仗立功的众官众将，朝廷只提拔了一位伍文定，其他的不但没赏，事实还贬了官，经过自己多次争取仍没任何作用，既然如此，阳明觉得还是不如不要这个封爵的好。于是，嘉靖元年（1522年）正月初十日，阳明给皇帝上了一道措辞虽然婉转、态度却十分强硬的《辞封爵普恩赏以彰国典疏》，要求朝廷收回授予"新建伯"的成命。理由如下：

臣于正德十六年十二月十九等日，节准兵部、吏部咨，俱为捷音事，节该题奉圣旨："江西反贼剿平，地方安定，各该官员功绩显著，你部里既会官集议，分别等第明白，王守仁封伯爵，给与诰券，子孙世世承袭，照旧参赞机务，钦此。""王守仁封新建伯，奉天翊卫推诚宣力守正文臣，特进光禄大夫柱国，还兼南京兵部尚书，照旧参赞机务，岁支禄米一千石，三代并妻一体追封，钦此。"前后备咨到臣，俱钦遵外，臣闻命惊惶，莫知攸措。

宁藩不轨之谋，积之十数年矣，持满应机而发，不旬月而败，此非人力所及也。上天之意，厌乱思治，将启陛下之神圣，以中兴太平之业，故蹶其谋而夺之魄。斯固上天之为之也，而臣欲冒之，是叨天之功矣。其不敢受者一也。

先宁藩之未变，朝廷固已阴觉其谋，故改臣以提督之任，假臣以便宜之权，使据上游以制其势。故臣虽仓促遇难，而得以从宜调兵，与之从事。当时惟帷幄谋议之臣，则有若大学士杨廷和等，该部调度之臣，则有若尚书王琼等，是皆有先事御备之谋，所谓发纵指示之功也。今诸臣未蒙显褒，而臣独冒膺重赏，是掩人之善矣。其不敢受者二也。

今赏当其功者固已有之，然施不酬劳之人尚多也。其帐下之士，若听选官雷济，已故义官萧禹，致仕县丞龙光，指挥高睿，千户王佐等，或诈为兵檄以挠其进止，坏其事机，或伪书反间以离其心腹，散其党与，阴谋诡计，盖有诸将士所不与知，而辛苦艰难，亦有诸部领所未尝历者。臣于捷奏本内，既不敢琐琐烦渎。今闻纪功文册，复为改造者多所删削。其余或力战而死于锋镝，或犯难而委于沟渠，陈力效能者尤不可以枚举。是皆一时号召之人，臣于颠沛抢攘之际，今已多不能记忆其姓名籍贯。复有举人冀元亨者，为臣劝说宁濠，反为奸党招陷，竟死狱中。以忠受祸，为贼报仇。抱冤赍恨，实由于臣。虽尽削臣职，移报元亨，亦无以赎此痛。此尤伤心惨目，负之于冥冥之中者。夫倡义调兵，虽起于臣，然犹有先事者为之指措。而戮力成功，必赖于众，则非臣一人之所能独济也。乃今诸将士之赏尚多未称，而臣独蒙冒重爵，是袭下之能矣。其不敢受者三也。

夫周公之功大矣，亦臣子之分所当为。况区区犬马之微劳，又皆偶逢机会，幸而集事者，奚足以为功乎？臣世受国恩，碎身粉骨，亦无以报。缪当提督重任，承乏戎行，苟免鳏旷，况又超擢本兵，既已叨冒逾分。且臣近年以来，忧病相仍，神昏志散，目眩耳聋，无复可用于世。兼之亲族颠危，命在朝夕。又不度德量分，自知止足，乃冒昧贪进，据非其有，是忘己之耻矣。其不敢受者四也。

夫殃莫大于叨天之功，罪莫甚于掩人之善，恶莫深于袭下之能，辱莫重于记己之耻。四者备而祸全，故臣之不敢受爵，非敢以辞荣也，避祸焉尔已。

伏愿陛下鉴臣之辞出于诚恳，收还成命，容臣以今职终养老亲，苟全余喘于林下，以所以滥施于臣者普于众，以明赏罚之典，以彰大小之功，以慰不均之望，以励将来效忠赴义之臣，臣死且不配矣。不胜受恩感激，恳切愿望之至！

他说的第一个理由是平宸濠是陛下圣明，自己不敢贪天之功，这一点沿袭了对正德皇帝的吹捧风格；第二个理由是王琼和杨廷和运筹帷幄、具体调度，才是真正有功之臣，当先封赏他们；第三，阳明认为，就算在前线，平定之功绝非阳明一人之力，许许多多将士才是真正的功臣，并列举了众人的名单和与他们对应的功劳，又着重提了冀元亨，再次为弟子鸣冤，说就算把自己的所有封赏全部给他，也无法弥补自己内心的伤痛，顺便要求皇帝还冀元亨一个公道；最后，阳明说平乱是臣子的本分，父亲久病在身，朝夕不保，无法离家赴任。

看这四条理由，中间两条的不满情绪是十分明显的。所谓朝廷在宸濠叛乱之前就有了预防性安排，说大学士杨廷和运筹帷幄，那绝对只是个幌子，随便什么人都知道事件的真相。而真正的决策者王琼，却在之前被含冤下狱，接着被戍边，因此，这实际上是在为王琼喊冤叫屈。第三条开列一大串有功人员名单，则是在指责朝廷亏待了功臣。不过，自己宁愿不要封爵，也要让这些真正出生入死的功臣有个好归宿倒是阳明的真心实意。至于最后几句，阳明说得就更让当朝权臣恨得牙痒痒了。

朝廷不得不稍微有点表示，就按照之前的封赏预案进封阳明的父亲王华、祖父王伦、曾祖父王杰三代都为新建伯。这个封赏诏书当到王家，年迈的父亲在弥留之际终于瞑目而逝。父亲去世，儿子得在家中守制三年，这是明朝的规矩。朝中的权臣暂时舒了一口气，而远离政治漩涡的王阳明，终于可以安安心心做他的学问了。要不是最后朝廷实在腐朽不堪，已经找不出一个可以前往广西平瑶民之乱的候选，阳明怕应该也不想再一次蹈功高遭嫉的覆辙。

第五章　阳明思想的完善与总结

王阳明逝世以后，部分官员、门人为继承他的事业，宣传他的思想、观点、主张，纪念他的功绩，缅怀他对地方、对人民的好处，在江西、贵州、湖广、福建、广西、广东、浙江等地建了36座书院与专祠。

其中从嘉靖九年（1530年）至嘉靖四十二年（1563年），阳明的弟子修建的书院包括薛侃所建天真精舍，邹守益所建复古书院，范引年所建混元书院，徐珊所建虎溪精舍，万安所建云兴书院，陈大伦所建明经书院，吕怀等人所建新泉精舍大同楼等，另有巡按浙江监察御史张景、提学佥事徐阶重修天真精舍，江西佥事沈谧建文湖书院，吏部主事史际所建嘉义书院，巡按直隶监察御史间东、宁国知府刘起宗所建水西书院，提学御史赵镗修建复初书院等。同期各地为纪念王阳明所建的祠堂有弟子周汝员所建绍兴新建伯祠，弟子欧阳德改建天真仰止祠，巡按贵州监察御史王杏所建贵阳王公祠，巡按直隶监察御史曹煜所建九华山仰止祠，巡按浙江监察御史傅凤翔所建龙山阳明祠，江西提学副使徐阶所建洪都仰止祠，巡按贵州监察御史赵锦所建龙场阳明祠，提督南赣都御史张烜复建郁孤山阳明王公祠，江西佥事沈谧修复信丰县阳明王公祠，安远县知县吴卜相请建王公报功祠，瑞金县知县张景星请建王公报功祠，崇义县知县王廷耀重修阳明王公祠，太仆少卿吕怀、巡按御史成守节改建琅琊山阳明祠，吉安士民请建庐陵报功祠等等。

这段时间，阳明的门人邹守益、钱德洪、南大吉、薛侃、黄绾、罗洪先、王畿、胡松、王宗沐等，都一直忙于撰写、考订、刊刻《王阳明年谱》，刊刻《文录》《传习录》，并于嘉靖四十二年（1563年）四月完成年谱并正式传播于世。年谱由张壹民、胡俨、戚澜、魏瀚撰写家谱，包括六世祖王纲、高曾祖王与准、祖父王伦、父亲王华传略，陆深写王华行状，黄绾写王阳明行状，记叙他俩一生业绩。杨一清还为王阳明撰写墓志铭。至于撰写纪念性文章，则难以计数。由此种种，王阳明对当时的社会、政治、经济、思想、文化等方面的影响之巨可见一斑。作为明朝最知名的"全才"和"大师"，王阳明后期对心学的完善总结和广授弟子，成为他一生最为光辉的历程。

《传习录》

自从阳明龙场悟道以来，不管他走到哪，总有诸多好学者慕名而来，拜师学习。阳明聚众讲学传授思想的三个主要阵地分别是贵州龙冈书院、江西濂溪书院和余姚龙泉寺中天阁。

传习录书影

巡抚南赣汀漳期间，从讲学的角度说，也是一段更为方便的时期。巡抚是封疆大吏，节制一方，司、道、府、县都是下属，没有掣肘力量，有职有权，扩大讲学场所、调拨钱粮经费等均比较容易。然而阳明不是一个乱花百姓税收的人，同时他微薄的薪俸也不足以自己出资修建一个书院。既然门人弟子从四面八方云集而来，又有很多新人想入王门，自然是要有个统一的场所的。想来想去，阳明决定索性还是在巡抚衙门里讲学的好。

年谱上列出了这一时期从学于阳明的弟子姓名，有薛侃、欧阳德、梁焯、何廷仁、黄弘纲、薛俊、杨骥、郭治、周仲、周冲、周魁、郭持平、刘道、袁梦麟、王舜鹏、王学益、余光、黄槐密、黄蓥、吴论、陈稷刘、鲁扶戴、吴鹤、薛侨、薛宗铨、欧阳昱等二十六人。当然事实上年谱没列的还有冀元亨、邹守益、罗洪先、刘阳、陈九洲等人。这些弟子在后来发展王学的过程中，按地域逐渐形成了江右学派和粤闽学派。

其中王阳明在南赣时江西籍王门弟子以欧阳德、何廷仁、黄弘纲为代表。而在整个王门学说发展史中，黄宗羲的《明儒学案》则归纳为："阳明一生精神，俱在江右""姚江之学（即王学），惟江右为得其传，东廓、念庵、两峰、双江其选也。"东廓为安福邹守益，念庵为吉水罗洪先，两峰为永丰聂豹，双江为安福刘文敏，全是江西吉安府人。这四人不光是江右王门的代表人物，在整个明代都算是著名的学者。

广东籍王门弟子第一位是方献夫。可惜的是，方献夫一生从不设席讲学，所以他并没有把阳明的学说发扬到广东。方献夫之后又有郑一初，但入师门不久便因病而死。还有一个不能算弟子顶多算朋友且思想不同的是湛若水，而真正使王学在广东风行的，当首推薛侃。

巡抚衙门毕竟是衙门，建筑格局不是为了教师讲学之用，再加上平常还有公务要做，当后来从学弟子越来越多的时候，阳明就不得不另设书院了。正德十三年（1518 年）九月，濂溪书院正式落成，成为王学在赣州的讲学中心。而之前一个月，由薛侃出资、徐爱编撰并作序的王阳明语录《传习录》上卷正式刻印。

《传习录》是王阳明的门人记录编辑的阳明语录和论学书信，其成因和地位相当于孔子的《论语》和朱熹的《朱子语类》。"传习"一辞源自《论语》中的"传不习乎"一语。它共有三卷，包含了王阳明的主要哲学思想，是研究王阳明思想及心学发展的重要资料。上卷经王阳明本人审阅，中卷里的书信出自王阳明亲笔，是他晚年的著述，下卷虽未经本人审阅，但较为具体地解说了他晚年的思想，并记载了王阳明提出的"四句教"。

《传习录》的诞生历经了一个很长的时期。徐爱自正德七年（1512年）开始，陆续记录下王阳明论学的谈话，取名《传习录》。六年后，薛侃将徐爱所录残稿及陆澄与他新录的部分一起出版，仍名为《传习录》。嘉靖三年（1524年），南大吉增收王阳明论学书信若干篇，以原名出版。嘉靖三十三年（1554年），钱德洪将陈九川等人所录的《遗言录》加以删削，与他和王畿所录编成《传习续录》出版。嘉靖三十五年（1556年），钱德洪又增收黄直所录的内容。隆庆六年（1572年），谢廷杰在浙江出版《王文成公全书》，以薛侃所编《传习录》为上卷，以钱德洪增删南大吉所编书信部分的八篇为中卷，以《传习续录》为下卷，附入王阳明所编《朱子晚年定论》。这就是《王文成公全书》本的《传习录》。上海商务印书馆曾影印隆庆六年（1572年）《王文成公全书》作为四部丛刊本，上海商务印书馆1927年出版了叶绍钧的校注本。

《传习录》集中反映了王阳明的心性之学，在中国古代哲学史上有着重要的地位。直到今天，20世纪的许多思想家和学者一直致力于对它作现代解释并力图克服其偏失。可惜的是，《传习录》是一部较为纯粹的哲学著作，对它的研究几十年来一直未有重大突破。

薛侃刻印出《传习录》老师自然开心，但他同时也深为遗憾，因为这部分稿子虽然自己都已亲阅，但悉心搜集整理并撰写的自己的大弟子、妹夫徐爱却没能看到它刻印后的样子。

在阳明将赴龙场前毅然"纳贽北面"磕头拜师的徐爱，素来被视为阳明的第一大弟子，既因其入门最早，也因其最得王学之真，黄宗羲的《明儒学案》及别的记载都说徐爱是"及门莫有先之者"。徐爱于正德十一年（1516年）任南京工部郎中时回家乡省亲，然后给阳明去了一封信，说在自己在家中置办了田地，等着老师回去一起做学问。阳明当时非常开心，连写两首诗：

闻曰仁买田霅上携同志待予归二首

其一

见说相携霅上耕，连蓑应已出乌程。

荒畲初垦功须倍，秋熟虽微税亦轻。

雨后湖舠兼学钓，饷余堤树合闲行。

山人久有归农兴，犹向千峰夜度兵。

其二

月夜高林坐夜沈，此时何限故园心。

山中古洞阴罗合，江上孤舟春水深。

首战自知非旧学，三驱犹愧失前禽。

归期久负云门伴，独向幽溪雪后寻。

然而天有不测风云，正德十二年（1517 年）五月十七日，徐爱竟在家乡病逝了。据说徐爱早就跟阳明说自己活不了多大岁数。他说，他曾在游览衡山时做过一个梦，梦见一个老和尚抚着他的背，对他说："你与颜回同德。"过了一会儿，又说，"也与颜回同寿。"阳明也向来以"吾之颜回"来比喻徐爱，因此听了心里也不舒服，连连安慰他说只是梦而已，何必当真。可谁想到，徐爱还真与颜回一样，年仅 31 岁便病死了。

"致良知"说

正德十五年（1520 年）闰八月，正德皇帝终于离开了南京，阳明也总算赢得了短暂的放松。于是，在认真做官之余，率徒讲学、切磋学问成了他生活中的一件大事。

然而因为聚学者实在太多，阳明与朱子针锋相对的学说便引起了当地恪守朱子学说的官员的不安。于是，巡按御史唐龙、提学佥事邵锐等都纷纷劝说当地的读书人，千万不要和王门弟子来往。唐龙甚至直接对话阳明，对他正在提倡的"致良知"质疑发难。

当然，其实在这些年，关于这样的批驳意见，阳明也时常耳闻，所以这次他也不怎么反应激烈，用他自己的话说是"不著相"。不过，他还是第一次对"致良知"说进行了阐发。

其实很早以前，阳明就曾说过"吾'良知'二字，自龙场以后，便已不出此意，只是点此二字不出，与学者言，费却多少辞说，今幸见此意，一语之下，洞见全体，真是痛快！""某之'良知'之说，从百死千难中得来，非是容易见得到此。"对他之前的思想总结成"良知"一说，这一次他又把"良知"发展成了"致良知"。《传习录》下卷对于阳明第一次提出这三个字是这样记载的：

（弟子九川）庚辰（正德十五年）往虔州（今江西赣州市）再见先生，问："近来功夫虽若稍知头恼（脑），然难寻个稳当快乐處。"先生曰："尔却去心上寻个天理，此正所谓理障。此闲有个诀窍。"曰："请问如何？"曰："只是致知。"曰："如何致知。"曰："尔那一点良知，是尔自家底准则。尔意念著處，他是便知是，非便知非，更瞒地一些不得。尔只不要欺他，实实落落依著他做去，善便存，恶便去，他这里何等稳当快乐；此便是'格物'的真诀，'致知'的实功。若不靠着这些真饥，如何去格物？我亦近年体贴出来如此分明，初犹疑只依扰恐有不足，精细看，无些小欠阙。"

不管有没有人反对，阳明对他自己的学说越来越坚信，在给得意门生邹谦之的信中，他说道："近时四方来游之士颇众，其间虽甚鲁钝，但以'良知'之说略加点拨，无不即有开悟，以是益信得此二字真吾圣门正法眼藏。""近来信得'致良知'三字，真圣门正法眼藏。往年尚疑未尽，今自多事以来，只此良知无不具足。譬之操舟得舵，平澜浅濑，无不如意。虽遇颠风逆浪，舵柄在手，可免没溺之患矣。"

"致良知"是阳明学说的核心和基础，集中反映了王阳明反对业已僵化了的程朱理学的独特哲学视角，具有鲜明的时代意义和理论特色。"卓然立乎程朱之外，而自成一宗"。

从龙场悟道到天泉证道，阳明心学得以大成的经历大约历时三个阶段：初，悟得格物致知之理，提出知行合一之说；再，高议"致良知"之教；终，超狂入圣，天泉证道。其中的"致良知"便是掘出了前圣的"真骨髓"。

"致良知"的"良知"是天理，即天下一切事物及其规律，"致"是达到的意思，合起来就是达到掌握一切真理的方法，形成对先天具有的心中之理的自我认识。

致良知说的思想渊源可以上溯到《大学》。《大学》有正心、诚意、格物、致知之说，当然，阳明发表了自己的独到观点。他认为"……若良知之发，更无私意障碍，即所谓充其恻隐之心，而仁不可胜用矣；然而常任，不能无私意障碍，所以须用致良知格物之功，胜私复理，即心之良知更无障碍，得以充塞流行，便是致其知……"这种观点"从百死千难中得来，非是容易见得到此，此本是学者究竟活头。""自孔孟即没，此学者失传几千百年，赖天之灵，偶复有见，诚千古之一快，百世以俟圣人而不惑者也。"

要想达到良知的境界，必须要"格物"，但这"格物"不是朱熹提出的"即物穷理"，向外用功，以求灭绝私欲。阳明说的"格物"却是"格心"，其实也就是"正心"："格者，正也。正其不正以归于正之谓也，正其不正者，去恶之谓也；归于正者，为善之谓也。"在心上作去恶为善的功夫，"天下之物本无可格者，其格物之功只在身心上做"。

与"格心"相对，阳明认为修养的基本方法，即作"格物致知之功"，应该是"省察克治"：反省内心深处的私欲，把它揪出来，进行分析批判，连根拔起，彻底铲除，类似于以猫捕鼠。所谓眼观耳闻，一有私念，即斩钉截铁，不可姑容与他方便，进而匡正意念，端正行为动机，去掉邪念，以保证行为的正当性。应该说，从人性本善的角度出发，"致良知"是符合内外因的哲学辩证原理的。在之后的几年里，阳明继续丰富和完善他的"致良知"说。

嘉靖元年（1522年），父亲的去世使阳明暂时撇开了朝中大臣们的嫉妒给他带来的困扰，安心在家守制，但朝中权重对他是否真的"宽大为怀"，任由阳明"纵横捭阖"那又是另一回事了。第二年，每三年一次的科举会试照常举行，主考官是大学士蒋冕和掌制诰吏部尚书石瑶，可巧的是，最后一场"策论"题，主考官们竟然要求考生对阳明心学作出评论。当年阳明弟子冀元亨参加正德十一年八月的湖广乡试，主考官就曾以"格物致知"发策，冀元亨毫不忌讳朱子学说，直抒师说，考官不知何故，竟破格录取了他。但这次不同，毕竟会试的规格绝不是一场两场乡试可以望其项背的。全国各地两千多名考生集聚北京，试题在一个月内便将传遍全国。明明考的是各举子对朱熹学说的掌握度的，现在却偏偏让他们针对阳明的心学，摆明了是想"正视听"。

阳明的余姚籍弟子王珊见了策论题，非常气愤，掷笔而起，离开了考场。别人都觉得他这样做真可惜了他的前程，王珊说："我宁可一辈子不做官，也不能昧着良心说师门的不是。"另外几位王门弟子欧阳德、王臣、魏良弼、黄直等人，没有愤而离场，反而在答卷中却理直气壮地阐说王学"致良知"理论，也不知道什么原因，竟然都被破格录取了。

这一年的考试，钱德洪却落了第。回到老家后，他对老师说起这件事，阳明听了竟微微一笑，说道："圣学从此要大明于天下了！"钱德洪一开始还没反应过来，他说这明摆着是朝廷发难，攻击老师您的学说。阳明坦然地说道：以前我的学说只在几个弟子中间流传，现在朝廷却算是替我的学说起到了传播的作用呢。参加会试的人都知道了我的学说，他们要么支持我，要么反对我。支持我的人将会继续成为我的学说的传播者，而反对我的人就会来攻击我，这样同样能起到传播知识的效果啊。钱德洪听了，恍然大悟，不得不佩服老师的眼界和心胸。

对于阳明晚年完善"致良知"说，几乎无人提出反对意见。阳明自己也多次说过，他一生讲学，只是"致良知"三个字。不过一个有趣的现象是，阳明在绍兴度过的人生中最后的平安时光，却写了不少有关直叙"良知"的诗，几乎找不到有说"致良知"的。

月夜二首——与诸生歌于天泉桥

其一

万里中秋月正晴，四山云霭忽然生。

须臾浊雾随风散，依旧青天此月明。

肯信良知原不昧，从他外物岂能撄！

老夫今夜狂歌发，化作钧天满太清。

咏良知四首示诸生

其一

个个人心有仲尼，

自将闻见苦遮迷。

而今指与真头面，

只是良知更莫疑。

其二

问君何事日憧憧？

烦恼场中错用功。

莫道圣门无口诀，

良知两字是参同。

答人问良知二首

其一

良知即是独知时，

此知之外更无知。

谁人不有良知在，

知得良知却是谁？

其二

知得良知却是谁？

自家痛痒自家知。

若将痛痒从人问，

痛痒何须更问为？

别诸生

绵绵圣学已千年，两字良知是口传。

欲识浑沦无斧凿，须从规矩出方圆。

不离日用常行内，直造先天未画前。

握手临歧更可语？殷勤莫愧别离筵！

长生

长生徒有慕，苦乏大药资。

名山遍探历，悠悠鬓生丝。

微躯一系念，去道日远而。

中岁忽有觉，九还乃在兹。

非炉亦非鼎，何坎复何离；

本无终始究，宁有死生期？

彼哉游方士，诡辞反增疑；

纷然诸老翁，自传困多歧。

乾坤由我在，安用他求为？

千圣皆过影，良知乃吾师。

也许在阳明看来，良知是天地万物之纲，而这个纲，就在人们的心中。先圣的经典《六经》，只是达到"良知"的阶梯，而圣学的精髓，只在"良知"二字。在《传习录》中，阳明对"良知"与"致良知"的关系也作了较为明确的定位："天地间活泼泼地，无非此理，便是吾良知的流行不息。致良知便是必有事的工夫。此理非惟不可离，实亦不得而离也。"

揆 "大礼议"

阳明在老家守制期间，京城再次出现了轰动一时的大事件，史称"大礼议"。

明世宗朱厚熜以地方藩王入主皇位后，统治阶级内部"始而争考、争帝、争皇，继而争庙及路，终而争庙谒及乐舞"，广义的时间跨度是从嘉靖即位之初的正德十六年（1521年）四月开始，至嘉靖十七年（1538年）才彻底结束，狭义的理解，到嘉靖三年（1524年）结束。斗争的焦点是如何确定世宗生父朱佑杬的尊号，其论争不仅是当时旧阁权集团与新进士大夫的冲突以及新皇权与旧阁权冲突的交织，更体现了正统程朱理学与新兴王阳明心学的冲突和较量，其实质是天理与人情之争的反映。而最终的结果是皇帝朱厚熜凭借强硬的态度和独霸的皇权夺取了胜利，在嘉靖年间的政治生活中产生了深远的影响。

明武宗朱厚照病死后，因无子嗣，杨廷和等人按太后的想法和兄终弟及的祖训，起草"遗诏"让朱厚照的从弟、兴献王朱佑杬之子厚熜承袭皇位。正德十六年四月二十二日，大学士梁储、驸马都尉崔元等人把即将登基的朱厚熜从安陆藩邸迎到了北京。礼部尚书毛澄在杨廷和的支持或授意下，安排以"皇太子"的礼仪迎接新帝。他们的理由是，帝位子承，即将登基的皇帝只能称明武宗为"父皇"，而自己的生父朱佑杬只能成为朱厚熜的"皇叔父"。"皇太子"之礼不仅把原先皇太后的"兄终弟及"的继位原则改为了"子承父位"，还把厚熜与死去的武宗厚照的辈分发生了变化，由堂兄弟变成了父子。

朱厚熜极为不满，态度强硬地威胁说，礼仪不变，他宁可仍回安陆去做藩王，也不进北京城。杨廷和急了，赶紧请太后示下。太后当然以大局为重，哪里还考虑得这许多，便说从武宗去世至今，皇位已经空了三十七天了，不能再空下去了。杨廷和无奈，只得按照礼制，让礼部在郊外四次上表"劝进"，以新君之礼让朱厚熜即位。

一波未平一波又起。世宗即位后的第六天，便下令礼官集议他的生父兴献王的封号。以首辅杨廷和、礼部尚书毛澄为首的朝臣为维持大宗不绝，援引汉定陶王和宋濮王故事，认为厚熜应过继给武宗之父、弘治帝朱佑樘称皇考，而以生父佑杬为皇叔父。厚熜对此表示不满，要求另议。七月，观政进士张璁上《正典礼疏》，反驳杨廷和之说，主张继统不继嗣，厚熜应尊崇所生，为兴王立庙京师：

　　　朝议谓皇上入嗣大宗，宜称孝宗皇帝为皇考，改称兴献王为皇叔父兴献大王，兴献王妃为皇叔母兴献大王妃者，然不过拘执汉定陶王、宋濮王故事，谓为人后者为之子，不得复顾其私亲之说耳。……比有言者，遂谓朝议为当，恐未免胶柱鼓瑟而不适于时，党同伐异而不当于理，臣固未敢以为然也。夫天下岂有无父母之国哉！臣厕立清朝，发愤痛心，不得不为皇上明辨其事。《记》曰："礼非从天降也，非从地出也，人情而已矣。"故圣人缘人情以制礼，所以定亲疏，决嫌疑，别异同，明是非也。

厚熜得疏，大喜，即曰："此论出，吾父子获全矣。"并立马召见杨廷和等，下令尊己父为兴献皇帝，母为兴献皇后，但被杨廷和等人拒绝。由此开始了以首辅杨廷和等为一方，以皇帝和张璁、桂萼等为另一方的"大礼议"之争，张璁更是成为议礼派的首领，与朝中大臣们的护礼派相抗争。

经过多次廷争面折，至嘉靖元年（1522 年），厚熜勉从廷和等议，尊孝宗帝、后为皇考、圣母，兴献帝、后为本生父母，张璁被贬斥出京，官南京刑部主事。嘉靖二年（1523 年）十一月，南京刑部主事桂萼经与同官张璁多次讨论古礼，再次上疏，抨驳杨廷和等人的议礼之失，请正大礼之议。阳明亦生亦友的知遇者席书、弟子方献夫等人也作大礼议疏。方献夫的奏疏一开始就说："先王制礼，本缘人情。君子论事，当究名实。窃见近日礼官所议，有未合乎人情、未当乎名实者。一则守《礼经》之言，一则循宋儒之说。臣独以为不然。"奏疏经桂萼代上，方献夫成了和张璁、桂萼齐名的议礼功臣。然而至于其他人士，"会中朝竞诋张璁为邪说，书惧不敢上"。另一面，杨廷和也因屡持异议而引起世宗不满，于嘉靖三年（1524 年）二月辞职。此后，赞同张璁等人的主张者渐渐地多了几个。世宗又决定召张璁及桂萼等人来京议礼。党附杨廷和的阁臣为阻止张、桂等人来京，迫于形势，于这年四月诏书中，加称世宗生母为"本生圣母章圣皇太后"。张、桂于赴京途中驰疏奏请，力主去"本生"之称，只可惜被京师诸权臣说成大礼已定，奉敕"不必来京"。两人行至凤阳，不得不返回。紧接着，他们又与阳明的弟子黄宗明、黄绾联合上疏：

今日尊崇之议，以陛下与为人后者，礼官附和之私也。以陛下为入继大统者，臣等考经之论也。……今言者徇私植党，夺天子之父母而不顾，在陛下可一日安其位而不之图乎？此圣谕令廷臣集议，终日相视莫敢先发者，势有所压，理有所屈故也。臣等大惧欺蔽因循，终不能赞成大孝。

　　五月张璁、桂萼奉召至京，两人又条列欺罔十三事，力折廷臣之非，詹事、翰林、给事、御史，及六部诸司、行人、大理诸臣全部具疏反对。这年七月十五日会朝方罢，吏部左侍朗何孟春与杨廷和之子、翰林杨慎决定召集护礼派群臣集体进谏。于是包括九卿23人，翰林20人，给事中21人，御使30人等共二百余人的庞大队伍，集体跪在左顺门外，请求收回成命。世宗大怒，派锦衣卫抓了学士丰熙、给事中张翀等8人。护礼派群臣群情激愤，哭喊得更凶了，左顺门前出现骚动。世宗皇帝杀心顿起，将134人逮捕，86人待罪。第二天，180余人受杖刑，编修王相等18人被当场杖死或者伤重不治而亡。

　　左顺门事件以皇帝的胜利、护礼诸臣的失败而告终，嘉靖帝终于如愿地将父亲追尊为"皇考恭穆献皇帝"，称孝宗为"皇伯考"。左顺门事件是大礼议的转折点，此后朝臣多依违顺旨，张璁等人所议世庙神道、庙乐、武舞及太后谒庙等礼议，多顺利实现。但他们在道义上却受到指责，最急进的张璁、桂萼，以及黄绾、陆澄等也被舆论称之为"小人"。

　　"大礼议"论争一开始，杨廷和就表明："惟宋儒程颐《濮议》最得义理之正，可为万世法。"后来杨慎偕同列36人上言也说："臣等与萼辈学术不同，议论亦异，臣等所执者，程颐、朱熹之说也；萼等所执者，冷褒、段犹之余也。""大礼议"充分暴露了程朱理学不近人情的冷酷面目和不顾现实的僵化心态。张璁认为"夫统与嗣不同，而非必父死子立也。汉文帝承惠帝之后，则以弟继；宣帝承昭帝之后，则以兄孙继。若必强夺此父子之亲，建彼父子之号，然后谓之继统，则古尝有称高伯祖、皇伯考者，皆不得谓之统矣。故曰：礼，时为大，顺次之；不时不顺，则非人情矣；非人情，则非礼矣。"这一"圣人缘人情以制礼"的理念，正好与阳明思想契合。嘉靖五年（1526年），阳明在给弟子邹守益的信中说道：

　　盖天下古今之人，其情一而已矣。先王制礼，皆因人情而为之节文，是以行之万世而皆准。其或反之吾心而有所未安者，非其传记之论阙，则必古今风气习俗之异宜者矣。此虽先王未之有，亦可以义起，三王之所以不相袭礼也。若徒拘泥于古，不得于心，而冥行焉，是乃非礼之礼，行不著而习不察者矣。后世心学不讲，人失其情，难乎与之言礼。然良知之在人心，则万古如一日。苟顺吾心之良知以致之，则所谓不知足而为屦，我知其不为蒉矣。

其实早在弘治十七年（1504年），王阳明以刑部主事的身份主持山东乡试时，就曾让考生们议"国朝礼乐之制"。在他拟定的第一题的标准答案的开篇就说道：

圣人之制礼乐，非直为观美而已也，固将因人情以为之节文，而因以移风易俗也。夫礼乐之说，亦多端矣，而其大意，不过因人情以为之节文，是以礼乐之制虽有古今之异，而礼乐之情则无古今之殊。……后世之言礼乐者，不本其情，而致详于形器之末，是以论明堂，则惑于吕氏《考工》之说；议郊庙，而局于郑氏王肃之学；钟吕纷争于秬黍，而尺度牵泥于周天，纷纷藉藉，卒无一定之见，而礼乐亦因愈以废堕。是岂知礼乐之大端，不过因人情而为之节文者乎？

只是，守制期间，阳明没有直接上书支持世宗，也不曾在任何公开场合发表自己的意见，就连几位议礼派弟子写信请教，他也避而不答。当然，阳明不答并不是不关心"大礼议"的论争，也不是没有自己的意见。他在给霍兀厓的信中说：

往岁曾辱"大礼议"见示，时方在哀疚，心喜其说而不敢奉复。既而元山亦有示，使者必求复书，草草作答。意以所论良是，而典礼已成，当事者未必能改，言之徒益纷争，不若姑相与讲明于下，俟信从者众，然后图之。其后议论既兴，身居有言不信之地，不敢公言于朝。然士大夫之问及者，亦时时为之辩析。……后来赖诸公明目张胆，已申其义。

信中对霍韬、席书的主张，表示了"心善其说""意以所论良是"的明确态度。左顺门事件后一个月，阳明留下了几首诗，也为我们了解他当时的想法提供了佐证，除了前面已经提到过的《月夜二首——与诸生歌于天泉桥》外，还有：

碧霞池夜坐

一雨秋凉入夜新，池边孤月倍精神。

潜鱼水底传心诀，棲鸟枝头说道真。

莫谓天机非嗜欲，须知万物是吾身。

无端礼乐纷纷议，谁与青天扫旧尘？

夜坐

独坐秋庭月色新，乾坤何处更闲人？

高歌度与情风去，幽意自随流水春。

千圣本无心外诀，《六经》须拂镜中尘。

却怜扰扰周公梦，未及惺惺陋巷贫。

因此，历史学家们研究"大礼议"和"左顺门"事件时，都把王学的盛行与朱学的弊端丛生看成思想上的重要内因。欧阳琛先生在他所著的《王守仁与大礼议》中便指出："考赞礼诸臣之思想渊源，多为姚江王门高弟，则此一新旧士大夫集团之政争，实与当时新兴王学及正统朱学之对立有关，此又欲明大礼议之思想背景者不可不知也。"

天泉证道

嘉靖六年（1527 年）六月，朝廷命王阳明前往广西征讨思恩、田州之乱。阳明请辞而不准，便于八月精心安排好阳明书院讲学事宜，以便省却后顾之忧，然后择日出征。

九月初八日，阳明在绍兴才刚收的两名弟子钱德洪和王畿到访张元冲的船上，一起谈论为学宗旨。王畿先提出疑问："先生说'无善无恶是心之体，有善有恶是意之动，知善知恶是良知，为善去恶是格物'，这个恐怕也不见得就是不易法言吧。"钱德洪连忙问:"怎么说?"王畿说:"心体既是无善无恶,意亦是无善无恶,知亦是无善无恶,物亦是无善无恶。若说意有善有恶,毕竟心亦未是无善无恶。"钱德洪听了,不同意对方的观点,自己解释说:"心体原来无善无恶,但人生下来之后,就会染上各种习性,于是就有了善恶之念头。为善去恶,正是恢复原来的本体。"两人各执一词,谁也说服不了谁,于是王畿就说:"明日先生启行,晚可同进请问。"

当晚半夜时分,前来为阳明饯行的客人与弟子陆续散去。阳明正要进入内室休息,忽听有人来报告,说钱德洪和王畿候立庭下,有事向先生请教。阳明便与他们两个一起来到天泉桥上。原来是两个弟子关于他的"四句教"有不同理解,阳明一听便分外开心,说:"我正希望两位有此一问!"然后,阳明对两人的看法进行了总结,他说:"我这就要出发远征了,朋友中还无人对这'四句教'提出看法。你二人的见解,其实正好相辅相成,却不能因各持己见而互相诟病对方:王畿你就应该用德洪的功夫,德洪你应该识悟王畿的本体。你们两个的看法正好互为补充。我真的很欣慰,这样我的学说就更不用担心会出现什么问题了。"

随即,他又叮咛道:

> 二君以后与学者言,务要依我四句宗旨:无善无恶是心之体,有善有恶是意之动,知善知恶是良知,为善去恶是格物。以此自修,直跻圣位;以此接人,更无差失。

最后,王守仁又一次告诫钱德洪和王畿,说:

> 二君以后再不可更此四句宗旨!此四句,中人上下无不接着。我年来立教,亦更几番,今始立此四句。人心自有知识以来,已为习俗所染,今不教他在良知上实用为善去恶功夫,只去悬空想个本体,一切事为俱不着实,此病痛不是小小,不可不早说破。

钱、王二人经过先生指点,内心无不豁然深省。王门师生在天泉桥上的这次论学活动，被后世称为"天泉证道"；王守仁的"四句宗旨"，亦被后世称为"王门四句教"。

原以为自己平定广西之乱班师回朝后还能继续与弟子们切磋学问的王阳明，在最后的时光里却一直忙与军务，最终使这次"天泉证道"成为他心学历程中的最后一次比较系统的发言。

阳明的"四句教"，是用来概括其学说的基本主张的，而此四句特别针对《大学》讲"格物、致知、诚意、正心、修身"等工夫而提出，目的是将这些工夫，全部收摄、融通于良知心体之中，一来杜绝他所理解的宋儒朱子以即物穷理的方式讲"格物致知"，向心外求理的流弊；二来，同时突出了其心即理、致良知等学说中所强调的本体工夫相即不离的意义。因此，一方面他没有否定"心、身、意、知、物"等本体观念和"格、致、诚、正、修"等工夫观念在分际意义上的不同；另一方面，他更进一步，指出所有这些观念所指的事物在实践上都是相即圆融、不能分割的。阳明的"四句教"，第一句讲心，对应修身在正心；第二句讲意，对应正心在诚意；第三句讲知，对应诚意在致知；第四句讲物，对应致知在格物。

钱德洪把老师的"四句教"理解为"四有教句"，而王畿则理解为"四无教句"。钱德洪从本体论的角度出发，看到了心、意、知、物有分际意义的分别，心是无善无恶的，而意、知、物则都可以说是有善有恶的。因此，他进一步从工夫论的角度出发，论说由于心体虽然至善，但意念之发却往往夹杂私欲，从而产生了恶，出现了相对的、现实的善与恶。因此，钱德洪主张必须讲为善去恶的成德工夫，以便恢复纯然至善的本心。王畿以为，"四句教"的深层意义并非老师本身所明言的，因为老师的四句教法只显示"四有"义，但"四无"义却隐而不显。故此，他以为"四句教"本身其实只是"四有教句"。至於"四无"之义，则是自己在理解此四句的义理时自己体会和推敲出来，并加以说破的。他以为，如果我们对本心有所觉悟，便会一觉到底，不但能悟出心无善无恶，也能悟出意、知、物俱无善无恶。这点亦可以用理论来解释：心、意、知、物与心在实践上为一，因此如果说心是无善无恶的，那么意、知、物也应让是无善无恶的；相反，如果说意、知、物是有善有恶的，那么，心也应该是有善有恶的。当然，心只能是无善无恶的，因此意、知、物也是无善无恶的，也就是说，我们应该言"四无"——心、意、知、物四者在实践上相即为一，没有分别。

而老师王阳明最后对两位学生的意见进行了归纳总结，他认为钱德洪所讲的"四有教句"和王畿所讲的"四无教句"，都没有把握自己"四句教"的全部义涵，只是各执一端而已。他详细解释道，钱德洪只讲"四有"义——心、意、知、物有分，而工夫不可不讲，而王畿只讲"四无"义——心、意、知、物无分，而工夫与本体相即不二，故在一义下没有独立意义。总的来说，"四有教句"与"四无教句"在义理上都有所偏，没有达到"四句教"的"四有""四无"二义兼备的圆满地步。

从教化对象上，阳明进一步分析指出，"四有教"教人通过为善去恶的工夫去除成德的障碍，从而令人从有善有恶的意念上翻一层，间接悟得至善的本体，因此是适合中、下等根器的人入道的方法，因为这些人的本心常常夹杂私欲；"四无教"则教人直接从本源上把握纯然至善的本体，故是适合上等根器的人的入道方法，因为这些人的本心往往能够不受私欲的障蔽。而"四句教"则更为全面，兼具间接与直接令人悟得本体的方法，因此是适合所有根器的人的入道方法。

最后阳明总结道，今后两位弟子应该互相补足，而并不是互相排斥，日后施教，也应执"四句教法"，而不单纯是钱德洪理解"四有教法"，也不单纯是王畿理解的"四无教法"。

第六章　王阳明补漏拾遗

火光诞子

　　由于王阳明与朱熹平分秋色的心学成就和他领文人打仗的辉煌战绩，当时百姓几乎人人奉他为神明，因此关于阳明的种种传说流传甚广，其中关于他的诞生，除了瑞云送子外，还有一个版本。

　　一天中饭后，王阳明的奶奶上床午睡，刚入睡就做了一个梦。梦中仙乐齐鸣，笙笛悠扬，香烟缭绕，旗幡招展，一群仙人驾着祥云腾空而来。其中一个天神头戴金盔，身穿金甲，脚踏紫云，怀抱婴孩，从天上慢慢下来，落在她家庭院。只见天神一手推开儿媳的房门，高叫一声："贵人来也！"随即走向房中，将怀中小孩送到媳妇怀里。同时，取出一部《太公兵法》放在桌上，回身出屋，随同一群仙人，依旧驾起彩云返回天庭去了，仙乐和香烟也就渐渐消失。就在这时，"不好了，王家失火了，快去救火啊！"的几声惊叫把她从梦中惊醒。

　　阳明的奶奶跑出门口一看，邻舍们都担着水桶，端着水盆，蜂拥而来。她转头一看，只见儿媳房中一片红光直冲屋顶，还闻到一股扑鼻的香气。她立即跑到儿媳房门口，伸手正要推门，正好儿子王华开门出来，抬头一见母亲，忙问哪里起火。

　　他母亲惊异地说道："你房中起火！你居然还不知道？"王华回头一看，四周一切安好，说："母亲，为儿房内并未见火，是你儿媳刚刚生下一子。"这时，邻舍们也都赶来。祖母一看房中果真无火，想起刚才梦境，恍然大悟，当即回身对大家说："原来是我儿媳生产，一时惊动了大家，实在不好意思。过几天请大家吃蛋。"

邻舍们知道了原委，连声称赞："火光冲天，定出贵人！"

妙对惠明

王阳明长到七岁，头上扎了三根小辫子，非常活泼可爱。一天母亲带着他去附近大王庙烧香，庙里的惠明和尚早知小阳明是个聪明伶俐的慧童，很想当面试试。于是，他趁阳明母亲在大殿拜佛时，将孩子叫到侧殿，要他对课，小阳明欣然答应。

惠明和尚先出一课说："轰字三个车，余斗字成斜。车车车，远上寒山石径斜。"王阳明眼睛一眨，当即就对："品字三个口，水酉字成酒，口口口，和尚只贪一杯酒。"和尚一想，对到自己头上来了，就又出一课说："古有李宋仁，今有王守仁，手中一本'太公法'，不知是兵家？是法家？是道家？"王阳明用手一指和尚说："古有卜惠明，今有赵惠明。手中一本《金刚经》，不知是胎生？是化生？是卵生？"和尚一听，用手拉住王阳明头上的三根辫子说："三叉如鼓架。"王阳明不甘示弱，用手指点着和尚的光头说："一秃如锣槌。"说完，转身跑进三王殿去了。和尚急忙追上去，又指着殿中三座佛像说："三尊佛像，坐象坐虎坐莲花。"王阳明不假思索，脱口而出："一个秃驴，偷酒偷肉偷珠宝。"和尚听了，怒气冲天，拉住王阳明要打，正好阳明的母亲拜完佛走来，见和尚生气，问是为何。和尚把阳明的对子说了一遍。阳明的母亲责怪孩子不该这样无理。阳明笑笑说道："母亲，是大和尚把话听错了。我说的是'一位师父，念经念佛念观音。'"说着就向庙门走去。和尚一肚气，急忙追上去附着王阳明的耳朵说："牛头且喜生鹿角。"阳明也踮起双脚附着和尚耳朵说："狗嘴何曾吐象牙。"惠明和尚差点没被他这几句对句气出病来。

计赚继母

13岁的时候，阳明生母去世，而继母非常不喜欢他，阳明无奈默默忍受，不过也一直寻找机会筹谋将来的日子。一天，王阳明偶然看到有人卖猫头鹰，于是眼睛一转，计上心来。他花钱买下了猫头鹰，又出了五钱银子找到一个巫婆，如此这般交代一番，然后回家偷偷将猫头鹰藏在继母床上的被子里。继母准备午睡时掀开被子，猫头鹰被闷了半天，一下子解放了，便扑腾腾直飞出来，在屋子里呱呱直叫乱飞了几圈，才找到门窗飞了出去。继母被吓得半死，猫头鹰本来就名声不好，见了就使人害怕，现在又从自己的被子里飞出来，还在屋子里怪叫着满天飞，这到底是什么征兆呢？于是，她连忙叫人去请巫婆来解释一番。巫婆早就被王阳明买通了，于是说道，那猫头鹰是王阳明的亲生母亲从阴间派来的，因为你对他不好，所以先来惩戒一番。这次是训示，下次要再这样，可就有惩罚了。继母一听，哪里还敢再欺负小阳明。从此以后，便对阳明亲爱有加。

赴谪奇遇

阳明在京师遭刘瑾陷害被贬谪贵州后，沿运河南下，到杭州地界，他发现一直有人在后面跟踪自己。阳明猜想那应该是刘瑾派来暗杀他的，大概是因为京城人多，刘瑾有所顾忌，不敢贸然下手，于是一路尾随，伺机行动。

这天，杭州傍晚的天气异常出奇，墨云翻滚，树木摇动，风一下子就刮了起来，暑气消退得无影无踪。夜色早早降临，钱塘江潮水此长彼落，暗涌层叠，似乎要吞噬岸边的人。王阳明这几天心情沉重，一直在思考怎么样摆脱追杀。看着潮水拍岸，黑洞无边，猛然间，他便得了一个有点冒险的金蝉脱壳之计。

在几次拐道抹弯之后，阳明转身望了望四周，确信无人，连忙从怀里抽出一张纸，上面写好了他的绝命诗，然后迅速脱下鞋子压住纸张，并把衣服和帽子脱掉，远远地甩到江心。制造完自杀假象后，阳明最后一次确认没人跟踪，便跳江遁影，游泳中途碰上了一艘商船，便上船而去。

阳明其实不知道商船将要去哪，不过也用不着他思考，因为一场飓风把商船刮到了福州东郊鼓山附近，所幸无人员伤亡。阳明弃舟登岸，循着小路一直往西狂奔。天色近晚，阳明来到一座寺院前，便想在此借宿。谁知，那看门的小和尚不让他进去。阳明好说歹说，那人就是坚持不让进门。阳明实在无法，只好继续前行，看有没有其它地方可以栖身。

夜色越来越浓，阳明根本不知道自己现在身在哪个深山老林。幸亏他发现了一座墙塌壁残连大门都被人卸走的古庙。阳明也管不了这许多，进到庙中，倒头便睡。

这一觉睡得并不安稳，噩梦一个接一个。最后他似乎还听到了一阵吼叫，不知是什么大型猛兽。正怀疑间，一只斑斓猛虎却向自己扑来。阳明一惊，终于从梦中醒来，却发现天已大亮，昨夜将他拒于寺门之外的和尚在叫唤自己。和尚满脸愧疚之色，说近日常有歹徒在山中抢劫，所以夜里寺庙不敢收留陌生客人。然后又问："山中经常有猛虎出没，这破庙早已成了虎穴，你昨夜可曾见到老虎？"

阳明心想：你明知道山中有虎，却硬让求宿之人呆在这个已成虎穴的破庙，看来你白天前来就是看看我有没有被猛虎吃掉，然后取走我的包裹啊！于是微笑着注视和尚，一言不发。和尚被看得浑身发虚，连连磕头如捣蒜，说道："先生必是圣人！先生必是圣人！"并立马连拉带扯，将阳明请到寺中。阳明这才知道这里竟是千年古刹涌泉寺。

阳明信步来到后殿，却见一道士盘腿而坐，不禁一愣，庙里何来道家中人？仔细一看，更为惊讶，这道人似乎在哪见过！仔细想了又想，终于明白，这应该是新婚之夜与自己坐而论道的南昌铁柱宫的道士！已经过去二十年了，除了胡子变白，道士的面容几乎没有变化。这真真是他乡遇故知啊。当年辞别铁柱宫时，道士曾约二十年后海上相见，还真应验了呢！

道士见了阳明，微微一笑，吟出两句诗来：

> 二十年前曾见君，
> 今来消息我先闻。

阳明将自己的遭遇原原本本告诉道士。道士听后问道："你今后有何打算？"阳明长叹一声："子曰：'危邦不居，乱邦不入。'我准备从此隐姓埋名，道长以为如何？"道士却连连摇头："你父亲现在朝中，你不屈服不要紧，刘瑾会把你老父亲抓起来。然后诬陷你北投胡兵或南投海盗，给你来个叛国投敌的罪名，你又以为如何？"

道士说完，又为阳明占了一卦，得《明夷》。《明夷》虽是光明受损之卦，但更重要的是指有希望地等待，将有圣主来访。阳明深悟，从此便信心满怀地赴贬谪之地去了。

高僧转世

关于王阳明逝于大余县青龙镇的船上似乎后人已经没有异议，20世纪九十年代初，由"王阳明遗迹日中联合学术考察团"成员认真考证后，专门在青龙镇赤江村老圩上的章江河畔捐资建了一个"王阳明落星亭"。然而关于他去世的不同传奇故事仍流传甚广，最具代表性的是高僧转世说。

青龙镇境内有一座灵古岩寺，属于"江南有数，赣南为甚"的名刹。阳明从广州北归，途经此地，便想前去拜谒。阳明一处一处访来，走到一处僧房门口。只见房门口贴了一张封条，仔细看左右，好像曾经什么时间住过。于是，阳明按捺不住好奇心，请知客师父打开房门。

知客师父连忙道歉说："实在不好意思，这间关房是我们一位老祖师五十年前圆寂的地方，里面供奉着他的全身舍利，他老人家圆寂前交待，任何时候都不能开门，请您原谅。"阳明执意要进去，说道："既然房子设有门窗，哪里有永远不能打开的道理？"由于阳明一再请求，知客师父也素来知道阳明的身份和为人，实在碍于情面无法违抗，只好让阳明进去。

昏黄的夕照里，阳明只见一位圆寂的老和尚端坐在蒲团上。不看不要紧，一细看，阳明真是大吃一惊：天哪！这高僧怎么和自己的容貌如此相像？案几上还有一张纸，第一个流传版本说，上面写的是几句偈语：

五十七年王守仁，启吾钥，拂吾尘，问君欲识前程事，开门即是闭门人。

时年五十七岁的王阳明见了偈语，不禁愕然。下山回到船上后便去世了。

另一个流传版本说，纸上写的是一首诗：

五十年后王阳明，开门犹是闭门人；精灵闭后还归复，始信禅门不坏身。

阳明顿悟自己的前生原来就是这位坐化的老和尚，昔日自闭门，今日还自启。于是，回到船上便也去世了。数百年来，灵古岩寺几经修缮，但其中却有间房一直保持原样，那就是王阳明识破自己的地方。

家族纷争

正德十年（1515 年），阳明已经 44 岁了。"不孝有三，无后为大"。虽然他业已成为名满天下的大学问家，但面对后继无人的局面也很焦灼无奈。王华一共有四个儿子一个女儿：长子守仁，是元配妻子郑氏所生；次子守俭、四子守章，是侧室杨氏所生；三子守文和女儿，是继室赵氏所生。然而让王华纳闷的是，他的四个儿子，个个下面都还没有子嗣。再看看王华的兄弟，人丁却兴旺得很。按照当时的宗族制度和因袭制度，三品以上的大臣可以荫一子入国子监读书，如果他本人没有后代，那就享受不了这份皇恩。不但如此，没有后代在整个家族而言，都是羞惭的。终于，阳明回家后，由父亲王华作主，阳明立堂弟守信的儿子正宪为继子。守信是阳明四叔王衮的儿子，立同宗子弟为后在感情上自然是易于相处的，但一旦有了亲生骨肉，就有很多矛盾产生。

隋唐以后，法律对养子的继承权，以及养子与嫡子之间的关系都作了较为明确的规定。《大明律》的《户律》《礼律》在这方面也有专门条例。既立了同宗子弟为后，一旦有了嫡子，这关系毕竟是不好处理的。所以在立养子这件事上，阳明还是有所保留的。但王华不能再等了，阳明一直以来身体不好，没有子嗣还能说得过去，但其他三个儿子呢？为何也个个没有繁衍？长子已经 44 了，再不解决这个问题，他王华一门可有危险了。幸亏阳明在 55 岁的时候续娶的张氏为他诞下一子，要不然，王华这一门还真的就没有嫡传血脉了。可惜的是，正如阳明一开始就担心的，嫡子与养子之间的矛盾在他去世后立即显现了。

王正宪，字仲肃，守信第五个儿子，阳明立养子时，他正好8岁。阳明去世两年后，即嘉靖九年 (1530年) 十月，年已23岁的正宪要求自立门户，与张氏、正聪闹起了分割遗产的纠纷。而此时正聪才4岁。到了嘉靖十一年 (1532年)，王阳明的学生方献之署吏部，分派王臣任浙江佥事分巡浙东，为了避免老师的幼子受压制，便联络其他几个同门师兄弟插手处理王氏家务纷争，成立一个专门机构来解决遗留问题。这一萧墙之争才稍作平息。而此时的王家，因朝廷停封停恤，已只能算普通布衣之家了。

为躲避外侮内衅，嘉靖十二年 (1533年) 秋，在阳明弟子们的安排下，正聪投奔了升任南京吏部侍郎的黄绾。黄绾收留了先师之子，出于对他的垂怜，日后又把自己的一个女儿许配给了他。

到了隆庆元年 (1567年)，因群臣争奏王阳明之功，朝廷对王家再行封赏恤典，已改名为王正亿的正聪准袭"伯爵"。这一年王正亿41岁，此前他这一系已搬回了余姚居住。正宪一系仍留在绍兴。

多年后，王正亿之子王承勋继承爵位。至崇祯初年，王氏后人又发生了拖延十余年不得决的争袭伯爵事件。此案经宁波、绍兴、台州三府推官会同审理才最终有了定论，可曾经显赫的家族已然走向衰微了。

日本阳明学

阳明逝世后，他的学说被传到日本，为促进日本政治社会的变革起到了巨大的推动作用。

最早接触阳明学说的日本学者是日本和尚了庵。了庵 (1424—1514年)，本名中堆云桂悟，日本室町时代赫赫有名的五山大老之一。奉室町幕府将军足利义澄之命，于1510年以86岁高龄作为日本正使前来中国，因遭逆风而未果，遂于

1511 年再次出使，抵达北京。完成使命后，住于宁波育王山广利寺。

正德八年（1513 年）春，阳明调任为南京太仆少卿，率友人、学生入四明山游览，最后来到宁波，在育王山广利寺与了庵和尚相遇。一个是在南京做官的漂泊游子，一个是即将东归的日本僧人，两人虽年龄相距四十有余，然谈心悟道却是忘年之交。交谈中，了庵和尚发现王阳明的心学思想与朱子理学大为不同，"心即理""致良知""知行合一"，这些命题及其阐述几乎与朱子理学分庭抗礼。这使了庵和尚大为讶异，更激起了他的兴趣。两人促膝而谈，"论教异同"。

当年五月，了庵和尚即将回日本，王阳明作《送日本正使了庵和尚归国序》相赠。该序《王文成公全书》未收入，见载于日本师蛮《本朝高僧传》、伊藤威山《邻交征书》、斋藤《拙堂文话》及伊藤东涯《嗑钗录》等典籍。赠序之真迹今藏于日本三田博物馆，王阳明故居陈列的为拓印本。

对于这一史实，日本学者极为重视。井上哲次郎称："桂悟亲与阳明接触，为哲学史上决不可看过的事实。"川田铁弥在其论著《日本程朱学之源流》中认为："如桂悟禅宗之外，兼传程朱之学余姚之学，论知行合一之义，为日本王学倡导之篙矢，其在斯人乎！"武内义雄在其《儒教之精神》中则直接指出："日本阳明学之传，从了庵桂悟开始。"

了庵和尚回日本后的第二年就谢世了，因此阳明学在日本的真正开创者另有其人。他便是中江藤树。中江藤树（1608—1648 年）早年学习朱子学，1644 年翻看《王龙溪语录》，后又读《阳明全书》，大有所获，乃赋诗曰："致知格物学虽新，十有八年意未真；天佑夏阳令至泰，今朝心地似回春。"于是，他在近江设令其徒皆攻读《阳明全书》，被奉为"近江圣人"。他断言："心学为由凡夫至圣人之道"；"行儒道者，天子、诸侯、卿大夫、士庶人也。此五等人能明明德，交五伦者谓之真儒……真儒在五等中不择贵贱、贫富。"因此被称为日本阳明学派的开山祖。

继中江藤树后发展阳明学的是被奉为"泰山北斗"的佐藤一斋（1772—1859 年），他从事教育 70 年，任儒官 19 载，听其讲学的人"满堂盈庭"，开创了幕末王学的先河。他在《言志四录》等著作中大力宣扬王阳明的"知行合一"论："就心曰知，知即行之知；就身曰行，行即知之行"。他培养的大批学生中，有很多人成为明治维新的骨干。

把阳明学最早付诸实践的，当推大监中斋（1793—1837年）。他以王阳明为楷模教育生徒，在学堂右侧铭以"入吾门学道，以忠信不欺为主本，乃纪阳明先生语以揭示"，作为学生守则，要求学生"躬亲学于阳明先生"。1837年，大阪大饥馑，他领导了震撼日本近代史的大阪市民和近郊农民的起义，成为80年后"米骚动"的先驱。

佐藤一斋的二传弟子吉田松明（1830—1859年）主办了松下学塾，培养了高杉晋作、伊藤博文等一大批倒幕维新志士。因此，王阳明的学说对日本社会、经济、政治、思想等产生了极为广泛而深远的影响。

阳明故居

位于浙江省余姚市武胜门路西侧，阳明西路北侧，坐北朝南，主题建筑按中轴线分布，从南往北依次为照壁、门厅、轿厅、仪门、大厅、瑞云楼、后罩屋，东西各有配房，四周筑有高墙，大小庭院错落其间。修复后的王阳明故居占地近5000平方米，建筑面积2500平方米，建筑规模宏大，风格典雅，体现了明代余姚书香门第宅院的基本风貌。在五百多年的历史中，经多次扩建、改建，逐步形成今天的规模和格局。故居南辟有广场，占地面积2800平方米。广场入口处有按明代原貌重建的新建伯牌坊，牌坊后面是香港孔教学院院长汤恩佳教授赠的王阳明全身铜像。

故居内分四个主要陈列，一是"王阳明生活时代场景复原陈列"，二是"真三不朽——王阳明生平事迹陈列"，三是"仰心学宗师研良知大义——国内外对王阳明的纪念和研究"，四是"传承心学奉先师——王阳明弟子事迹陈列"。2006年王阳明故居被国务院公布为全国重点文物保护单位。

新建伯牌坊

王阳明墓

　　位于书法圣地兰亭以南两里许的鲜虾山麓。由墓道、平台、墓穴、墓碑、祭桌等组成，坐北朝南，背依山岗，顺依山势，逐级升高，视野开阔，风水特佳。自甬道至墓顶全长 80 米，宽 30 米，用花岗石砌筑，规模按照原样，垂带、纹饰一如古制。碑文"明王阳明先生之墓"八个大字，系著名书法家沈定庵题书。中设青石平台，便于远眺凭吊，墓旁有合抱古松数十棵，增添肃穆气氛，墓身左右林木葱茏，四季常青。

阳 明 祠

　　位于贵阳扶风山，始建于清嘉庆十九年（1814年），与相邻的尹道真祠、扶风寺共同组成环境清幽、景色秀丽的扶风山风景区，清代西南巨儒郑珍曾赞之为"插天一朵青芙蓉"。

王阳明墓

　　阳明祠内林木葱茏，根雕、盆景千姿百态，桂树浓香四溢，碑刻甚多，曲径回廊，清幽宜人。祠内现存有王阳明先生朝服线刻大像。日本东宫侍讲文学博士三岛毅赞扬王阳明先生说："忆昔阳明讲学堂，震天动地活机藏。龙冈山上一轮月，仰见良知千古光。"另外，祠内左右两壁还嵌有王阳明先生的《训士四条》和《论语四条》木刻。

　　祠内殿堂中，有阳明先生汉白玉坐像，两侧为先生手书"壮思风飞冲情云上，和光春霭爽气秋高"木刻对联。殿堂外碑廊有王阳明先生手书《矫亭记》和家书文稿及燕服画像。此外，还有清代学者莫友芝、何绍基等人游览祠堂题咏的诗文及捐资修建人员名册石刻，是贵阳市现存的碑刻精华，也是极其珍贵的历史文物。

贵阳修文阳明祠外景

阳 明 洞 天

坐落在贵州修文县城新开发的阳明大道边的龙冈山上，原名"东洞"，占地
1.5公顷，是修文现有的唯一一个古树群，有名木古树 50 多种。

阳明洞山不高，洞不深，却因"千古大师"王阳明在此悟道讲学而名扬中外，
海内外王学研究专家称这里为"王学圣地"。加上著名爱国将领、"千古功臣"张
学良将军曾被囚禁于此三年，使阳明洞更加闻名于世。

阳明洞为省级文物保护单位。龙冈山古木参天，翠柏森森，亭阁相映，碑刻
历历，风景幽雅，奇景宜人。阳明洞洞穴多窍，奇石丛生，洞中有洞，前后贯通，
真是别有洞天。龙冈山上除有阳明洞外，还有王阳明所建龙冈书院、何陋轩、君
子亭、宾阳堂和后来为纪念他而建的王文成公祠等建筑，还有后人瞻仰阳明洞书
刻的许多摩崖碑刻。

阳明记功碑

位于江西庐山秀峰境内的李璟读书台下，是一块数丈见方的石壁，上有三处石刻：中间是宋代大诗人、书法家黄庭坚书的《七佛偈》，右边是明代徐岱的诗，左边是王阳明平定朱宸濠叛乱后在此勒石记功写的碑文，人称记功碑。碑文共136个字，字体庄重遒劲，入石三分，数百年后依然清晰、醒目。后人评述此碑刻云：此山此刻同不朽，风雷呵护森光芒。记功碑全文为：

正德，已卯六月乙亥，宸濠以南昌叛，称兵向阙。破南康、九江，攻安庆，远近震动。

七月辛亥，臣守仁以列郡之兵复南昌，宸濠擒，余党悉定。当是时，天子闻变赫怒，亲统六师临讨，遂俘宸濠以归。

于赫皇威，神武不杀。如霆之震，靡击而折。神器有归，孰敢窥窃。天鉴于宸濠，式昭皇灵，以嘉靖我邦国。

正德庚辰正月晦，都督军务都御史王守仁书。从征官属列于左方。

阳明后学

作为中国后期哲学高峰的王阳明心学的传承和发扬，被后世研究为阳明后学。而这阳明后学的分道扬镳和对师门的割裂蜕变，很大程度上从"天泉证道"钱德洪和王畿的思想分野就已经开始。

阳明后学从广义上说，凡是阳明以后信奉阳明心学或在思想上受阳明心学影响的学者都可以纳入研究范围；从狭义上说，专指以阳明门下及其再传弟子的心学思想为研究对象。一般而言，阳明后学就特指狭义上的概念，时间跨度大约是从王阳明到刘蕺山这 100 多年。这一时期，阳明心学和阳明后学在思想文化舞台上所展示出来的绚丽多姿、色彩斑斓的历史画卷，是明代乃至整个中国思想文化史研究中值得重点光顾的领域。

阳明去世后，"门下各以意见掺和，说玄说妙，几同射覆"。至万历年间，先后发生在王门弟子间的关于"四句教"的不同理解的论证就有聂豹与王畿的"致知议辩"，许孚远与周汝登的"九谛"与"九解"之辨；顾宪成、钱一本、高攀龙、冯从吾等弟子主"性善"说，与管志道、陶望龄等弟子主"无善无恶"说的论辩等等，同门学术争辩的风习一直沿袭到清代。

关于阳明后学的研究，最早可追溯到明末清初学者们所撰述的学案、宗传体著作，比如，刘元卿的《诸儒学案》就辑录有 8 家阳明学者的言行，周汝登的《圣学宗传》和《王门宗旨》就分别辑录有 18 家和 8 家阳明学者的言行，过庭训的《圣学嫡派》就辑录有 6 家阳明学者的言行，刘鳞长的《浙学宗传》就辑录有 13 家阳明学者的言行，孙奇逢的《理学宗传》就辑录有 30 余家阳明学者的言行等等。而其中尤以黄宗羲的《明儒学案》为最具代表性。在一个相当长的时期内，《明儒学案》不仅成为治明代儒学思想的必备参考书，而且在不少研究领域由于原始典籍的缺乏和难觅，还使之成为可资凭借的唯一文献。

由于清统治者和正统文人对阳明后学的学者们的学术风格极端厌恶，导致除了罗洪先、胡直、邹元标等少数几个阳明学学者外的其他一众阳明学者的文集都未被收录到《四库全书》中，有相当部分甚至遭到了禁毁的命运。与之相对照的是，阳明学流传到日本后，其学说被尊崇，因此相当珍贵的阳明学者的文集的善本，均被完好无损地保留下来。

自 20 世纪 30 年代到 80 年代中叶，海内外有关阳明后学的研究成果主要包括以下二十余种著作：嵇文甫《左派王学》（1934 年）；容肇祖《明代思想史》（1937 年）；嵇文甫《晚明思想史论》（1944 年）；吕思勉《理学纲要》（1949 年）；侯外庐《中国思想通史》第四卷（1960 年）；岛田虔次《中国に于ける近代思惟の挫折》（1949 年）；楠本正继《宋明时代儒学思想の研究》（1962 年）；安冈正笃监修《阳明学大系》（1971 年）；冈田武彦《王阳明と明末儒学》（1971 年）；冈田武彦编着《阳明学の世界》（1971 年）；山下龙二《阳明学の研究——成立·展开篇》

（1971 年）；荒木见悟《明代思想研究》（1972 年）；麦仲贵《王门诸子致良知学说之发展》（1973 年）；钱穆《中国学术思想史论丛》（七）（1979 年）；牟宗三《从陆象山到刘蕺山》（1979 年）；荒木见悟《明末宗教思想研究——管东溟の生涯とその思想》（1979 年）；杨天石《泰州学派》（1980 年）；沟口雄三《中国前近代思想の屈折と展开》（1980 年）；唐君毅《中国哲学原论》（原性篇、原教篇）（1984 年）；陈福滨《晚明理理思想通论》（1983 年）；荒木见悟《阳明学の开展と佛教》（1984 年）；侯外庐主编《宋明理学史》（1984 年）等。

20 世纪 90 年代是阳明后学研究的繁荣期，主要研究成果包括：杨国荣《王学通论——从王阳明到熊十力》（1990 年）；古新美《明代理学论文集》（1990 年）；吉田公平《陆象山と王阳明》（1990 年）；陈来《宋明理学》（1991 年）；刘哲浩《周海门的哲学思想研究》（1991 年）；山下龙二《阳明学の终焉》（1991 年）；于化民《明中晚期理学的对峙与合流》（1993 年）；龚鹏程《晚明思潮》（1994 年）；荒木见悟《阳明学の位相》（1992 年）；荒木见悟《中国心学の鼓动と佛教》（1995 年）；吴宣德《江右王门与明中后期江西教育发展》（1996 年）；林月惠《良知学的转折——聂双江与罗念庵思想之研究》（1995 年）；程玉瑛《晚明被遗忘的思想家：罗汝芳诗文事迹编年》（1995 年）；王健《中国明代思想史》（1994 年）；屠承先《本体工夫论》（1997 年）；何俊《西学与晚明思想的裂变》（1998 年）；林子秋等《王艮与泰州学派》（1999 年）；李庆龙《罗汝芳思想研究》（1999 年）等。

进入新世纪以来，阳明后学的研究成果也收获颇丰，主要包括：张学智、左东岭、陈来、吴震、方祖猷、彭国翔、陈永革、钱明、吴震、吕妙芬、郑晓江等学者的著作。

附录：王阳明年谱

明宪宗成化八年 (1472 年)

1 岁。农历九月三十日，诞生于浙江余姚，取名王云。

明宪宗成化十二年 (1476 年)

5 岁。五岁不言语，遇术士"点破"，改名"守仁"，开口说话。

明宪宗成化十七年 (1481 年)

10 岁。父亲王华中状元，授翰林院编修。

明宪宗成化十八年 (1482 年)

11 岁。随祖父北上，赋诗金山寺。

明宪宗成化十九年 (1483 年)

12 岁。在北京上里塾。长安街上遇相士，开始有了"做圣人"的念头。

明宪宗成化二十年 (1484 年)

13 岁。母亲郑氏去世。

明宪宗成化二十二年 (1486 年)

15 岁。出游居庸关；回京后便想上疏朝廷，陈述自己对国家大事的看法，被父亲制止。

明孝宗弘治元年 (1488 年)

17 岁。七月，往江西南昌完婚，夫人诸氏。新婚之夜，在铁柱官与道士论养生，次日才回。

明孝宗弘治二年 (1489 年)

18 岁。十二月，回余姚，途经广信，谒名儒娄谅，知"圣人可学而至"。

明孝宗弘治三年 (1490 年)

19 岁。祖父王伦去世。

明孝宗弘治五年（1492 年）

21 岁。八月，浙江乡试中举；京师格竹。

明孝宗弘治六年（1493 年）

22 岁。二月，会试下第，不以为耻。归余姚，结诗社龙泉山寺。

明孝宗弘治九年（1496 年）

25 岁。第二次会试，下第。留居京师。开始学习兵法。

明孝宗弘治十二年（1499）

28 岁。第三次会试，名列第二，殿试列二甲第七名进士；观政工部，督造威宁伯王越墓；上疏陈边务八事。

明孝宗弘治十三年（1500 年）

29 岁。授刑部云南司主事。

明孝宗弘治十四年（1501 年）

30 岁。录囚江北，多所平反。游九华山，遇道士蔡蓬头，访地藏洞异人。

明孝宗弘治十五年（1502 年）

31 岁。回京复命；告病回余姚；筑室阳明洞，自号"阳明子"。学导引术；"悟佛老之非"，认为佛老"播弄精神""断灭种性"。

明孝宗弘治十六年（1503 年）

32 岁。游西湖，劝僧人还俗。

明孝宗弘治十七年（1504 年）

33 岁。返京。八月，主考山东乡试，所出试题均与国计民生相关；九月，改任兵部武选司主事。

明孝宗弘治十八年（1505 年）

34 岁。倡言"先立必为圣人之志"，开始讲学；与湛若水一见定交。

明武宗正德元年（1506 年）

35 岁。十月，因上疏言事得罪宦官刘瑾，下诏狱，谪贵州龙场驿为驿丞。

明武宗正德二年（1507 年）

36 岁。取道浙江往龙场。翻越武夷山入江西，再往南京与已是南京吏部尚书的父亲告别。往余姚辞别祖母。妹婿徐爱及朱节、蔡宗兖等三人请为门人。

明武宗正德三年（1508 年）

37 岁。是年春，到龙场。先在茅屋、石洞中栖身，后当地居民为其构筑木屋，取名"龙冈书院""龙场悟道"，以为"圣人之道，吾性自足，何事他求！"

明武宗正德四年（1509 年）

38 岁。主席贵阳书院；致书徐爱，论"知行合一"："知是行的主意，行是知的功夫。"

明武宗正德五年（1510 年）

39 岁。三月，为庐陵知县，兴利除弊；十一月进京，与湛若水、黄绾会于大兴隆寺，相与讲学；十二月，升南京刑部四川司主事。

明武宗正德六年（1511 年）

40 岁。正月，调吏部验封司主事。与王舆庵、徐成之论朱、陆之学，开始公开扬陆贬朱；二月，为会试同考官；十月，升吏部文选司员外郎；吏部郎中方献夫入王门；大兴隆寺的三人会解体。

明武宗正德七年（1512 年）

41 岁。三月，升吏部考功司郎中。十二月，升南京太仆寺少卿，与徐爱同舟南下，论《大学》。

明武宗正德八年（1513 年）

42 岁。二月，回余姚归省。五月，与徐爱等游四明山，借登游山水，"点化同志"。十月，至滁州上任。

明武宗正德九年（1514 年）

43 岁。五月，至南京，任南京鸿胪寺卿。

明武宗正德十年（1515 年）

44 岁。立堂弟守信之子正宪为后。

明武宗正德十一年（1516 年）

45 岁。九月，升左金都御史，巡抚南赣汀漳等处。十月，回余姚归省。

明武宗正德十二年（1517 年）

46 岁。正月十六日至赣州，万安抚灾演兵；行"十家牌法"，选练民兵；平定福建漳州民变；五月，立兵符，重新编练军队；奏设福建平和县；六月，奏请疏通盐法，又对南赣税关进行调整；九月，改授提督南赣汀漳等处军务；十月，平江西横水、桶岗民变；闰十二月，奏设江西崇义县。

明武宗正德十三年（1518 年）

47岁。正月，祥符宫除池大鬃；三月，平广东浰头民变；四月，在赣州等地立社学；五月，奏设广东和平县；六月，升左副都御史；七月，刻古本《大学》及《朱子晚年定论》，全面清算朱学；八月，弟子薛侃等在赣州刻《传习录》；十月，行《南赣乡约》。

当时，弟子集聚赣州，著名的有欧阳德、邹守益、何廷仁、黄弘纲等。九月，修濂溪书院，赣州成了讲学中心。同年，徐爱病逝。

明武宗正德十四年（1519 年）

48岁。正月，以祖母病危，疏请致仕。六月，奉敕勘处福建兵变。行至丰城，闻宁王宸濠在南昌发难，返还吉安。七月，与吉安知府伍文定等起兵，攻取南昌，并在樵舍生擒宸濠，平定叛乱。八月，武宗自称"威武大将军镇国公总兵官朱寿"，领京军南下，驻南京；宦官张忠、张永分两路往江西。九月，将宸濠押至杭州面见张永。十一月，奉敕巡抚江西，遂返南昌，抚安京军。

明武宗正德十五年（1520 年）

49岁。从正月到九月，巡视江西各地，重上《江西捷音疏》；八月，为弟子冀元亨讼冤；闰八月，武宗离开南京返京。

明武宗正德十六年（1521 年）

50岁。正月，始揭"致良知"之教；五月，集门人于白鹿洞讲学；六月十六日，奉诏入京，乞便道归省，得旨改升南京兵部尚书参赞机务，并允许归省；八月，至绍兴；九月，至余姚省祖坟，钱德洪入王门；十二月，封新建伯。

明世宗嘉靖元年（1522 年）

51岁。二月，父亲王华去世，从此在绍兴守制，专一讲学。弟子黄弘纲、何廷仁、魏良器、魏良政、薛侃、邹守益、王艮、钱德洪、王畿、刘文敏、刘邦采等皆追随左右；绍兴知府南大吉入王门。

明世宗嘉靖二年（1523 年）

52 岁。二月，会试，以"心学"出题，弟子徐珊不答而出，欧阳德、王臣、魏良弼直抒师说；十一月，在舟中与弟子张元冲论佛老孔子："儒佛老庄皆吾之用，是之谓大道。"

明世宗嘉靖三年 (1524 年)

53 岁。正月，开稽山书院；十月，门人南大吉续刻《传习录》。

明世宗嘉靖四年 (1525 年)

54 岁。正月，夫人诸氏卒。六月，守制期满，朝中力荐入阁、三边总督，均不报；九月，归余姚省祖墓；定每月初一、初八、十五、二十三日，在余姚龙泉寺中天阁讲学；十月，门人于绍兴城西郭门内光相桥东立阳明书院。

明世宗嘉靖五年 (1526 年)

55 岁。十二月，继室张氏生子，取名"正聪"。

明世宗嘉靖六年 (1527 年)

56 岁。五月，命以南京兵部尚书兼左都御史，总制江西、湖广、广东、广西四省军务，出征广西；九月，"天泉证道"；十一月，到广西梧州。

明世宗嘉靖七年 (1528 年)

57 岁。二月，抚平思恩及田州民变；七月，袭破八寨及断藤峡各瑶民据点；十月，以病重疏请解职，不等朝命，发舟东归。十一月二十九日辰时，病逝于江西南安青龙铺舟中。第二年十一月，葬于洪溪。